Entre Mãe e Filha

Entre mãe e filha
Copyright © 2017 by Thais Matsura e Thalita Matsura
Copyright © 2017 by Novo Século Editora Ltda.

COORDENAÇÃO EDITORIAL
Vitor Donofrio

AQUISIÇÕES
Renata de Mello do Vale

EDITORIAL
João Paulo Putini
Nair Ferraz
Rebeca Lacerda

PREPARAÇÃO
Rebeca Lacerda

REVISÃO
Fernanda Guerriero Antunes
Patricia Murari

CAPA, PROJETO GRÁFICO E DIAGRAMAÇÃO
Rebeca Lacerda

ILUSTRAÇÕES
Augusto Camargo

ENSAIO FOTOGRÁFICO
Studio Bianca Machado

FOTOS
Arquivo pessoal das autoras

Texto de acordo com as normas do Novo Acordo Ortográfico
da Língua Portuguesa (1990), em vigor desde 1º de janeiro de 2009.

Dados Internacionais de Catalogação na Publicação (CIP)

Matsura, Thais
  Entre mãe e filha / Thais Matsura e Thalita Matsura.
-- Barueri, SP : Novo Século Editora, 2017

1. Mãe e filhas – Memória autobiográfica 2. Matsura, Thais, 1983- .
Matsura, Thalita, 2000- 3. Vlogs (Internet) 4. Japão – Usos e costumes
I. Título II. Matsura, Thalita

17-0573   CDD-920

Índice para catálogo sistemático:
1. Mãe e filha – Memória autobiográfica   920

NOVO SÉCULO EDITORA LTDA.
Alameda Araguaia, 2190 – Bloco A – 11º andar – Conjunto 1111
CEP 06455-000 – Alphaville Industrial, Barueri – SP – Brasil
Tel.: (11) 3699-7107 | Fax: (11) 3699-7323
www.novoseculo.com.br | atendimento@novoseculo.com.br

São Paulo, 2017

Dedicamos este livro às duas pessoas mais importantes da nossa vida.

O Mr. Matsura – para quem não sabe, o nome dele é Alexandre –, meu marido e pai da Thalita. Sem ele não existiria o canal Thais e Thalita Matsura, pois foi pelo incentivo dele que criei o meu primeiro blog e os canais, e nos momentos mais difíceis, quando pensei em desistir, foi ele quem me incentivou a continuar, porque ele sabia que era aquilo que eu gostava de fazer e isso me faria feliz.

Até hoje temos o seu apoio incondicional, e, sem ele não estaria escrevendo este livro e desbravando novas aventuras, vivendo novas etapas e novos sonhos. Somos extremamente gratas!

A segunda pessoa é a minha mãe, Ana Maria, que desde o início esteve nos apoiando, mesmo quando fazer vídeos não era tão popular como é hoje. Ela sempre esteve ao nosso lado, mesmo estando do outro lado do mundo. Foi e continua sendo uma das pessoas que mais nos apoiam, com palavras positivas, orações e com sua fé.

Arigato!
Amamos vocês!!

O nosso agradecimento mais que especial, em primeiro lugar, a Deus, nosso Pai celestial, por cuidar de nós em todo o tempo, tanto nos momentos alegres como nos momentos difíceis, como quando ocorreram o terremoto e o tsunami no Japão, foram dias tristes e de muito medo, mas Ele cuidou e zelou por nossa vida. Obrigada, Deus, por tudo, pelo carinho e pela criatividade que coloca em nossa cabecinha :). Obrigada por todo conteúdo que criamos e por nos permitir levar alegria aos corações, como sempre pedimos.

É claro que não poderíamos deixar de agradecer a todos os fãs, que consideramos como amigos. E a você, que comprou este livro, um agradecimento em Caps Lock: **ARIGATO!!**

Thais e Thalita Matsura ✓

Parabéns   Dedicatória   Agradecimentos   Sumário   Capítulos   Extras   Desafios

Capítulos

É LOGO ALI
P. 14

CHEGAMOS! E AGORA?
P. 22

VAMOS FAZER UM CANAL?
P. 70

Extras

FLOQUINHO DE NEVE
P. 62

FRASES DOS FÃS
P. 98

MURAL DOS SONHOS
P. 134

Desafios

DICIONÁRIO MATSURA
P. 44

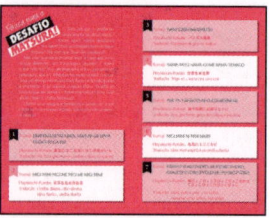
TRAVA-LÍNGUA JAPONÊS
P. 46

QUIZ MATSURA DE PLANTÃO · P. 104

ENTRE MÃE E FILHA
P. 108

PLANOS, METAS E SONHOS
P. 124

CHUBBY BUNNY
P. 118

SE RIR, COMA
P. 120

É LOGO ALI !

Thalita

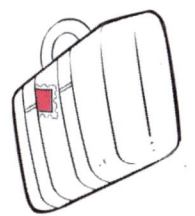

Olá, pessoal!!! Olha nós aqui, em meio a uma bagunça de roupas, sapatos, brinquedos e acessórios, relembrando uma dúvida que gritou muito na minha cabeça: "O que realmente tenho que levar para o Japão?". Afinal, não é todo dia que a gente se muda para o Japão, não é?! 😋

Ok, ok, mulheres às vezes são exageradas, mas, na verdade, acredito que nós somos prevenidas! Por esse motivo, decidi levar *apenas o básico*; essa foi a dica do meu marido: "Amor, traga apenas o básico, viu?". E é claro eu o ouvi. Levei quatro malas grandes, uma delas só de sapatos! Só por precaução. Não me julguem! 😳 (hahaha!)

Faltando poucos dias para viajar, comecei a sentir aquele friozinho na barriga, um *mix* de emoções, afinal estava me preparando para ir *apenas* para o outro lado do mundo! 😖 Como a Thalita era bem pequena nessa época, ela não tinha muita noção de que a nossa viagem seria tão longa e de que ficaríamos bem distante dos nossos amigos e familiares. Mas ela estava feliz, e isso me deixava aliviada.

Ai, gente, a hora da despedida é a pior, não é? Foi triste nos despedir dos nossos familiares e amigos... Um sentimento de tristeza, por deixar quem amamos, e, ao mesmo tempo, de alegria, por encontrar

alguém que também amamos. Era um turbilhão de emoções na nossa vida.

Lembro como se fosse hoje. No aeroporto de Guarulhos, dia 30 de junho de 2010, eu superpreocupada, conferindo tudo:

Malas? Confere ✔
Documentos? Confere ✔
Passaportes? Confere ✔

E eu...
Doces? Confere ✔
Brinquedos? Confere ✔
Tudo certo! Como é bom ser criança, não é?

O avião começou a decolar, e pela janelinha podíamos ver São Paulo ficando pequena, cada vez menor... Com isso, muitas lágrimas começaram a cair dos nossos olhos, porque realmente estávamos indo embora do Brasil. 😢 Diversos pensamentos vinham à minha mente: meus pais, meus irmãos e amigos ficando. Minha confiança, porém, estava em Deus. Eu sabia que se Ele estava nos levando para aquele caminho, era porque Ele tinha o melhor para nós.

Bom, depois de secar as lágrimas e nos acalmar, o momento era de curtir um pouco a viagem nas alturas, pertinho de Deus. E tínhamos muitas milhas pela frente. Ao nosso lado, sentou-se um senhor italiano, muito simpático, com quem fizemos amizade rapidamente e que nos contou muitas histórias a respeito dele e sobre os passeios que fez pela Bahia. Ele arriscava até falar um pouco, e com sotaque, mas é claro que se enrolava todo, o que acabava nos divertindo ainda mais! Foi muito bom ter a companhia desse senhor, afinal eu nem estava com medo de andar de avião, né? É sério, eu não estava com medo não, viu... Ok, confesso, estava com MUITO medo, mas logo foi passando, pois a viagem era longa. *São 24 horas voando, então é melhor esquecer o medo, né, Thais? Fica calma, pois vai dar tudo certo...*, era isso o que eu pensava toda hora. Fizemos uma parada em Roma, nos despedimos do senhor italiano e prosseguimos rumo ao Japão. Eita lelê, que ainda tínhamos mais 12 horas pela frente. Ô lugarzinho longe esse Japão, hein!

E finalmente, *Yeiii!*, chegamos ao Japão! Nossos olhos observavam todos os detalhes, tudo muito diferente e ao mesmo tempo divertido de se ver. Logo encontramos o meu marido, que nos recebeu com aquele abraço cheio de amor e carinho. *Agora sim a família Matsura está completa!*

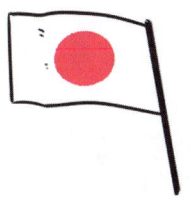

Nos primeiros dias, ficamos trocando o dia pela noite, já que, pelo fuso horário do Japão, o país está 12 horas à frente do Brasil. Ou seja, enquanto é dia no Brasil, é noite no Japão, e vice-versa. Nós ficávamos acordadas a noite inteira, mas depois de uma semana, mais ou menos, nos acostumamos.

    O nosso primeiro apartamento era bem diferente do que estávamos acostumadas a ver no Brasil. O teto era baixo e as paredes eram bem finas; até dava pra ouvir um pouco da conversa do vizinho! (hahaha!) Sem querer querendo, dava pra ouvir vários babados. A estrutura das casas do Japão é de madeira, e o chão é diferente também. O piso não é igual ao do Brasil, em que podemos jogar água e lavar. Isso foi algo que achei muito estranho no início, mas depois descobri os produtos corretos para limpar. Também fiquei impressionada com a ausência de muros entre as casas, que raramente os têm. No máximo, há uma muretinha bem pequena, que não passa de um metro de altura. É tudo muito aberto, sem câmeras de vigilância ou sem cercas elétricas. Carros, motos e bicicletas ficam estacionados na frente da casa com a maior segurança, e ninguém mexe. Então, para nós, era bem diferente de quando morávamos no Brasil, pois nossa casa era cercada por muro e com um portão alto que vivia sempre fechado com cadeado.

    Tudo o que a gente olhava era diferente, mas o que mais nos chamou a atenção dentro de casa foi quando fui usar o banheiro e encontrei dois banheiros! *Como assim, Thais? Dois banheiros?* Sim, essa foi a pergunta que fiz ao meu marido também, e ele nos explicou que lá é comum ter dois banheiros: um somente para tomar banho, onde também é comum ter o famoso ofurô (tipo uma banheira), e o outro para as necessidades, que geralmente é bem pequeno e que aqui no Brasil nós chamamos de lavabo. Ou seja, sem problemas quando alguém quiser usar o banheiro de necessidades na hora do banho. (hahaha!) Isso é ótimo!!

    Eu lembro que uma das coisas que eu sempre pedia para o meu pai, enquanto nós ainda estávamos no Brasil, era que, quando eu chegasse lá, tivéssemos patinhos de borrachas na banheira. Quando cheguei, a primeira

coisa que fui procurar foram... adivinhe o quê? Os patinhos, é claro! E lá estavam, na borda da banheira! Me senti realizada de tomar um banho e brincar com aquela família de patinhos. #CoisasDeThalita

Além da casa, observamos muitos e muitos detalhes. As ruas, por exemplo, são extremamente limpas e muito estreitas também, nas quais as pessoas andam muito de bicicleta, desde crianças até idosos. Ficamos impressionadas com o número de pessoas da terceira idade andando de bicicleta, indo ao mercado, fazendo suas compras. E, é claro, era muito estranho olhar o trânsito e ver todo mundo dirigindo na "mão contrária", do lado direito do carro. Eu sempre achava que estavam na contramão (hahaha!), mas, com o tempo, fui me acostumando e tudo acabou se tornando bem comum na nossa vida.

Logo que chegamos, fomos à prefeitura tirar nossos documentos, nos quais ficam todas as nossas informações – como nome, endereço, número do passaporte, data e tipo de visto –, e que todos os estrangeiros precisam ter. Sem esse documento, você não faz absolutamente nada no Japão; não pode passar no médico, conseguir um emprego, se matricular na escola, tirar sua habilitação, abrir uma conta no banco, renovar o seu visto... NADA MESMO.

Pronto, documento em mãos, então era hora de matricular a Thalita na escola. Foi aí que descobrimos que no Japão o sistema é bem diferente. Para fazer a matrícula

da Thalita, tivemos que ir à prefeitura novamente (bem diferente do Brasil, onde a matrícula é feita na própria escola). No fim do processo, descobrimos mais uma novidade: os tipos de material que ela iria precisar para usar na escola. Então, lá fomos nós em busca do material escolar da Thalita.

No Japão, todos os alunos usam o mesmo modelo de mochila, sendo que a única coisa que pode variar é a cor. Também tivemos que comprar alguns kits para aulas diferentes que ela nunca teve no Brasil. Depois de tudo pronto, agora sim era a hora de a Thalita conhecer a nova escola e começar a estudar.

A ESCOLA JAPONESA

Bom, eu lembro que o meu primeiro dia de aula foi bem complicado, porque eu não entendia nada do que as pessoas falavam, não conseguia ler os livros, e a comida era totalmente diferente, já que no Japão todos estudam em período integral e, por isso, almoçam na escola. Ah!, também não existe cantina, é proibido levar sucos, refrigerantes, doces, dinheiro, celular etc.

Mas, para a minha sorte, havia uma aluna brasileira na minha sala, e a escola também tinha uma tradutora que vinha nos ajudar duas vezes por semana. No

restante, era tudo por nossa conta, e eu tive que me virar sozinha.

Nas primeiras semanas, eu sofri um pouco porque não conseguia me comunicar direito. Os japoneses até queriam fazer amizade comigo, mas eu não sabia falar e isso acabava atrapalhando. Por esse motivo, eu ficava mais com a minha amiga brasileira, a Duda. Ela também não sabia falar muito, mas conseguia se comunicar melhor do que eu.

Nós éramos bem unidas. Brincávamos depois da aula e nos fins de semana também, nos parques, porque ela morava bem próximo da minha casa. Só que, depois de alguns meses, essa minha amiga retornou ao Brasil... Fiquei triste, porque gostava bastante dela.

Eu estudava boa parte das aulas com todos os alunos japoneses, e em algumas aulas eu ficava na sala de reforço, que era especial para os estrangeiros. Lá, havia alunos não só brasileiros, mas filipinos, peruanos e de várias outras nacionalidades; foi aí que comecei a aprender melhor o japonês. Tinha um professor que se chamava Terada, que foi muito paciente e bonzinho comigo. Graças a ele consegui aprender bem o idioma.

Agora pense em um momento tenso! Esse momento era a hora do almoço! Quem acompanha o nosso canal já sabe que eu não como frutas #NãoMeJulguem!! (hahaha!) Como havia pouco tempo que eu tinha entrado na escola e não sabia falar direito, o professor sempre mandava eu comer as frutas que vinham na hora do almoço. Agora pense numa pessoa fazendo drama! O professor achava que era frescura e me obrigava a comer, e eu passava muito mal, já que não como frutas desde bebezinha. Meu organismo não aceita. Mas, até o meu querido professor saber disso, passei maus bocados na hora do almoço.

Depois de uns seis meses, aprendi a me comunicar, comecei a fazer amizade e tudo foi melhorando. Minhas amigas japonesas iam em casa brincar comigo, e graças a Deus meus pais avisaram a escola sobre as frutas e eu não precisei mais comê-las. Ufa! Isso foi um alívio.

Além do idioma, há várias diferenças entre a escola que eu estudava no Brasil e a escola do Japão. No Brasil, há funcionários que fazem o serviço de limpeza, servem a comida etc. No Japão, são os próprios alunos que limpam a escola e distribuem a comida para os colegas, por meio de uma escala. Outra coisa que não tem na escola do Japão é cantina. Também é proibido levar doces, refrigerantes e qualquer tipo de lanche; podemos levar apenas água e chá. Os alunos não podem levar celular, tablets e computadores à escola. Mas eu me adaptei muito bem, tirando o fato de a comida ser beeeeem diferente e eu não gostar muito dela. (hahaha!) Disso eu conseguia escapar, dando o que eu achava ruim para os meus colegas de classe. Às vezes eles vinham até mim, no início da aula, falando assim: "Oi, Thalita! Hoje é dia daquela comida que você não gosta. Pode dar pra mim, tá?". (hahaha!) Às vezes vários meninos pediam, e era bem engraçada a disputa.

Depois de um ano, a gente mudou de apartamento e, com isso, tive que mudar de escola também. Na escola nova, porém, a mudança foi normal, pois eu já dominava a língua e já sabia como funcionavam as coisas. Estudei nessa escola por um ano, e depois entrei no tyugakkou (ginásio; 7º ano) com a mesma turma.

O começo, às vezes, parece assustador em qualquer escola, mas com o tempo eu me adaptei e fiz muitas amizades no colégio japonês. Vivemos muitas coisas legais, aprendi muito com eles, fizemos várias viagens divertidas juntos. Um fato divertido de uma das viagens foi quando fomos conhecer Kyoto. O ônibus parou e os alunos desceram em grupos para conhecer a cidade e os pontos turísticos. Às 16 horas, nós tínhamos que estar dentro do ônibus para voltar ao hotel, só que, faltando alguns minutos para o horário combinado, minhas amigas e eu decidimos comprar sorvete (a loka dos doces). Na hora pensamos: *Ah, vai dar tempo, né?* Compramos o nosso sorvete tranquilamente e, quando estávamos chegando perto do ônibus, ele começou a andar. Nós entramos em desespero e corremos atrás dele, com os sorvetes na mão. Graças a Deus, o ônibus parou, conseguimos entrar e deu tudo certo. Estávamos cansadas de tanto correr, mas, ainda bem, o sorvete não caiu e o tínhamos para nos refrescar!! (hahaha!) Outra viagem marcante pra mim foi a da formatura da sexta série, quando fomos à Disney. Foi muito divertido! Me marcou porque, além de ser a formatura de uma etapa e de estar com meus amigos nesse momento, Disney é sempre Disney, né, gente!! (hahaha!)

Quando eu me lembro desses momentos, bate até uma saudade! Dizem que os amigos da escola nos marcam para a vida toda. Há duas amigas com quem tenho contato até hoje, a Ria e a Anzu. Tenho um carinho muito especial por elas!

Meus amigos sabem que minha mãe e eu temos um canal, mas, pelos vídeos serem em português, fica bem difícil para eles assistirem, já que não entendem a língua. Mesmo assim, eles já assistiram a alguns vídeos e acharam divertido. Inclusive, tenho um amigo que é fã do canal, que sempre o assiste, mesmo sem entender nada! (hahaha!) Ele diz que acha superlegal o conteúdo do canal e que acaba entendendo um pouco, pelas cenas! :) #NossoFãJaponês

EXPECTATION
REFRESH
Destiny
GENEROSITY
PARTY
DAYS
MAGIC
WONDER
LAND

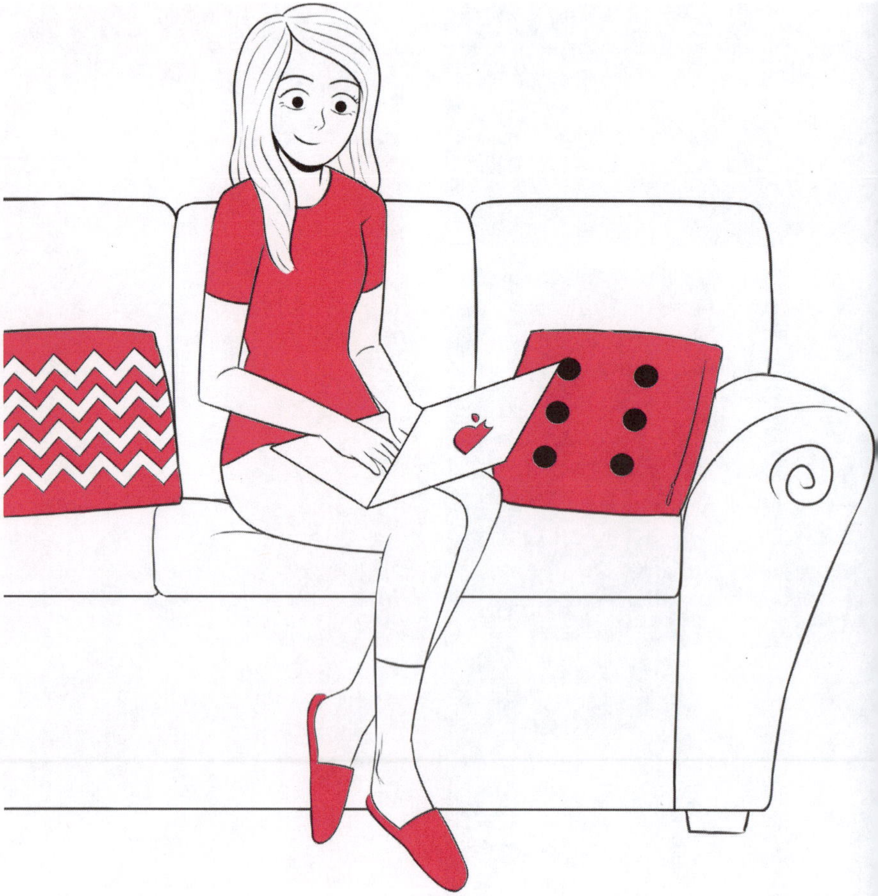

A ROTINA

Nossa rotina, no início, era assim: de manhã, meu marido saía para trabalhar e a Thalita ia para a escola, que ficava pertinho da nossa casa; e eu ficava sozinha em casa. Era um pouco chato e entediante, mas eu aproveitava pra organizar tudo, e depois assistia à minha série favorita, que, na época, era *Lost*. Acreditem, eu terminei a série em um mês, já que não tinha muito que fazer. O Mega Filmes era um bom amigo. (hahaha!) Pena que nessa época não tinha Netflix; se tivesse, seria bem melhor.

Depois de um tempinho e muitos filmes e séries assistidos, eu consegui um emprego! E é óbvio que eu estava MUITO nervosa e ansiosa, já que eu nem imaginava como seria trabalhar com os japoneses, como seria ter um chefe japonês e, o maior detalhe: como iria entender o que ele estava falando! Imaginem a cara de pânico (hahaha!), mas até que foi tranquilo. Onde eu trabalhei havia funcionários brasileiros, então dava aquela sensação de alívio do tipo: *Ufa! Graças a Deus tem alguém que fala a minha língua!*

Além desse primeiro emprego lá, eu trabalhei em várias fábricas – de autopeças, eletrônicos, cosméticos etc. –, e exerci serviços bem variados, como inspeção, colocar as peças na caixa, fechar e pôr a etiqueta no pacote etc. Em alguns precisava preencher relatórios em japonês, o que no começo dá um medinho, mas tudo isso, com o tempo, fui aprendendo.

O último emprego que tive no Japão, antes de me dedicar 100% ao YouTube, foi em uma fábrica que fazia peças de plástico para ar-condicionado e impressora. Lá, tive um chefe que se chamava Hori-San, que, sem sombra de dúvida, foi o melhor chefe da minha vida! Escuto muitas pessoas falando que os japoneses são frios e coisas do tipo, e posso dizer que não é assim. Esse chefe era como um pai pra mim. Ele tem um cuidado com as meninas que trabalham com ele, além de ser superbonzinho e paciente.

Lembro-me de quando a Thalita caiu do seu skate de duas rodas (um tipo de skate popular no Japão) e machucou o cotovelo um dia antes do aniversário dela. Na hora, ela sentiu apenas uma dorzinha, mas, na manhã seguinte, o cotovelo estava um pouco inchado. Eu tinha ido trabalhar e ela ficou em casa com meu marido, que trabalhava somente à noite. Eram dez horas da manhã, quando ele a levou ao médico para ver como estava o braço e, para a nossa surpresa, o médico disse que ela teria que passar por uma cirurgia, senão poderia perder o movimento do cotovelo, o "movimento do tchau". Eu fiquei completamente assustada, mas meu marido me acalmou e disse que foi tudo muito rápido e que a Thalita já havia entrado na sala de cirurgia. Nem daria tempo de sair da fábrica para ir vê-la. A cirurgia foi rápida e a Thalita ganhou um pino provisório no cotovelo, que seria retirado 45 dias depois. Agora, volto ao meu chefe... Ele ficou superpreocupado e disse: "Pode se ausentar do serviço, Thais, e cuidar da sua filha". Como eu tinha dez dias de férias para tirar, fiquei em casa e cuidei da Thalita até ela se acostumar com o gesso no braço. Logo em seguida, voltei ao trabalho. Sempre que precisava faltar para levá-la ao médico pra ver como estavam o braço e o pino, ele me dispensava sem problemas, sempre preocupado em saber se estava tudo bem. E não era apenas comigo, mas com as outras meninas também. Realmente acredito que um chefe desses não terei novamente. #SAUDADESHORI-SAN! (hahaha!)

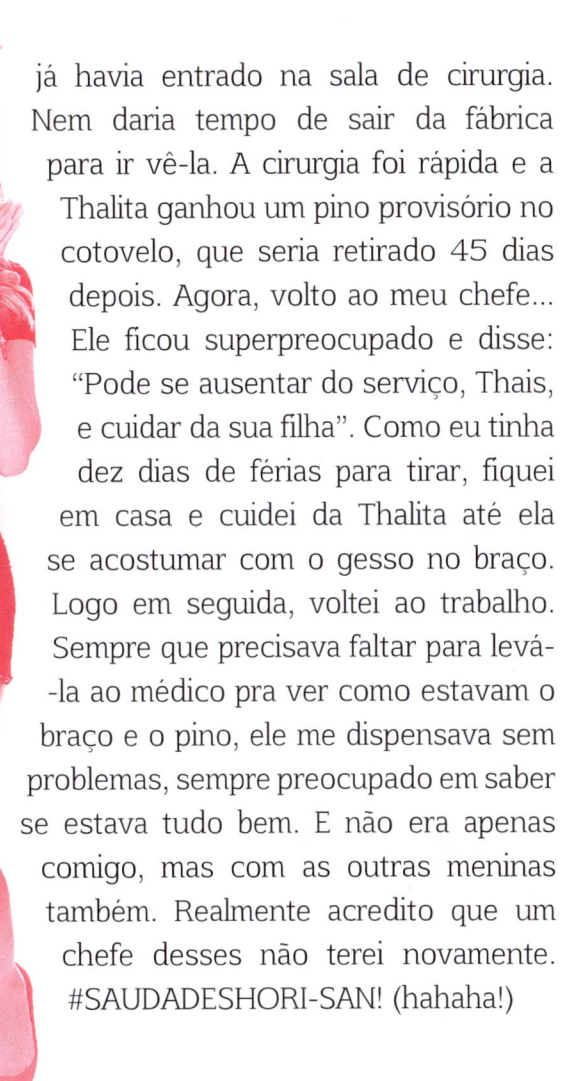

Dessa fase de adaptação, um momento que me marcou bastante também foi quando eu fui tirar a minha habilitação japonesa. É preciso fazer dois testes, assim como no Brasil: o teórico – supersimples; passei de primeira e fiquei toda feliz – e o prático. Eu pensei: *Ufa! Graças a Deus tem alguém que fala a minha língua!* Só que não foi bem assim não. O teste prático foi BEEEM difícil. Eu já estava desanimada, porque todos os brasileiros que eu conhecia lá falavam que realmente era difícil. Os policiais japoneses são bem exigentes; se você não fizer exatamente como eles querem, eles reprovam e ponto final. O policial fica sentado no banco do passageiro dando as coordenadas em japonês e segurando uma prancheta, onde anota todos os erros que você comete. Se no seu país já dá um nervoso, imagina num país estranho e ainda mais rígido que o nosso!? Aquele barulhinho de caneta era de dar nos nervos, porque, geralmente, a cada erro que você comete eles descontam alguns pontos; ou seja, se você perde muitos pontos, não consegue passar no exame. Então me dava uma angústia, porque eu pensava: *Ai, caramba, será que já perdi muitos pontos?* O bom é que nem sempre o policial está anotando seus erros. Muitas vezes eles fazem isso pra testar o emocional. Quando eu fiz o último teste, o policial anotava um monte de coisa, e eu pensei: *Ah, sem chance, não passei.* E foi justamente nesse dia que eu fui aprovada. Fiquei extremamente feliz!!

Este foi meu primeiro carro no Japão! Ele foi todo decorado com a cor rosa! Lá é muito comum eles enfeitarem com cores chamativas, então eu aproveitei!!

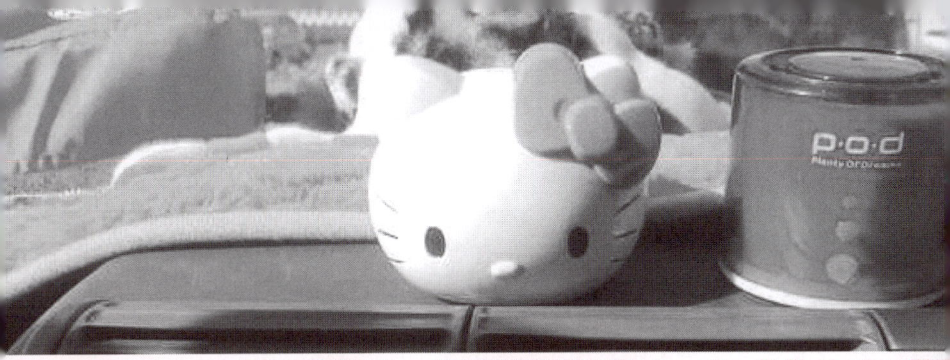
p·o·d

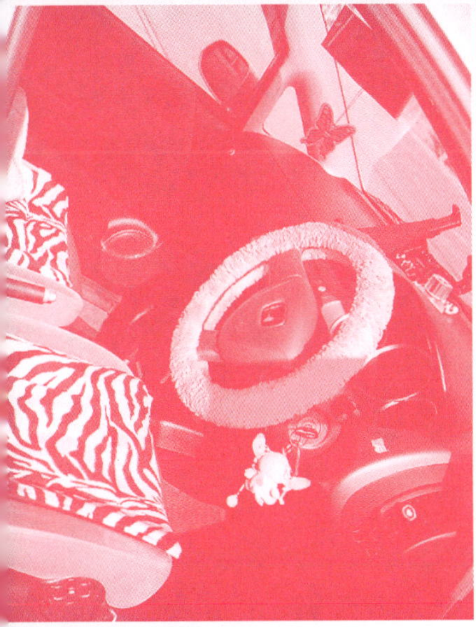

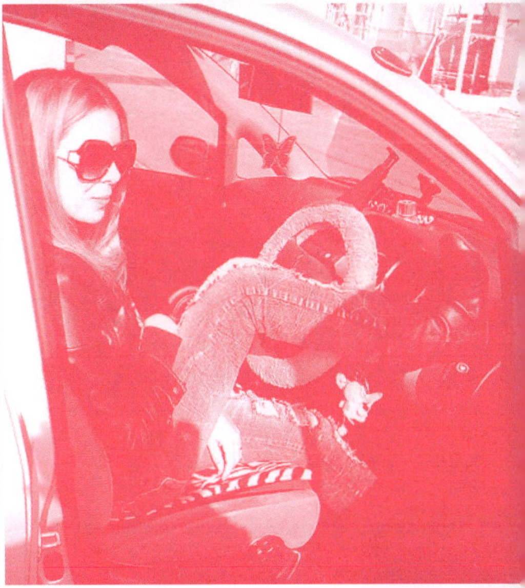

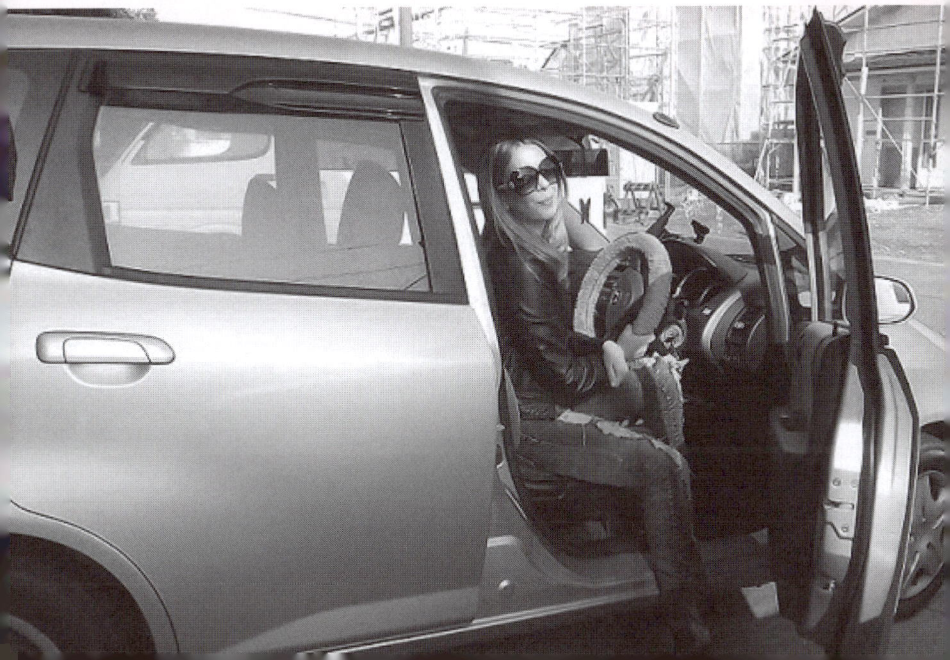

Pausa para o DESAFIO MATSURA!

Vocês devem estar se divertindo, lendo nossas peripécias e dificuldades iniciais com a língua japonesa, não é!? Sabemos que vocês amam videos de desafios, mas agora será o contrário: nós é que desafiamos vocês!!

É isso mesmo!! Desafiamos vocês a criarem frases em japonês, usando as palavras que estão no dicionário Matsura abaixo.

Sejam criativos e criem quantas frases conseguirem! Depois, tirem uma foto e compartilhe no Instagram, usando a #DesafioMatsuraEntreMãeEFilha.

Estamos ansiosos para ver todo mundo escrevendo em japonês.

GAMBATE KUDASAI!!

ANATA WA: você
ARIGATO GOZAIMASU: obrigado
DAIJYOBU: tudo bem
DAISUKI: amo / adoro
DAME: não pode
DOITASHIMASHITE: de nada
INU: cachorro
IPPAI: muito
ITSUMO: sempre
KAWAI: fofinho
KEITAI: celular
KODOMO: criança
KONBANWA: boa noite
KONNITCHIWA: boa tarde
KOOHII: café
KURUMA: carro

MATA NE: até mais
MIRU: ver / assistir
OHAYO GOZAIMASU: bom dia
OKASHI: doce
OMOSHIROI: engraçado
ONNA: menina
OTOKO: menino
PASOKON: computador
ROM: livro
SUKI: gosto
TANOSHII: divertido
URUSAI: barulhento
WATASHI WA: eu
YASASHII: bonzinho (boazinha)
YUKI: neve

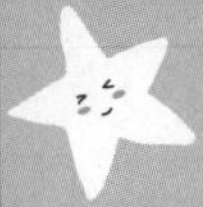

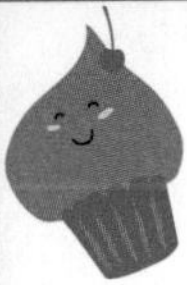

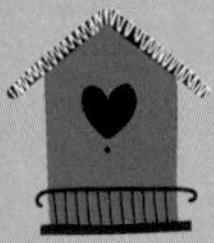

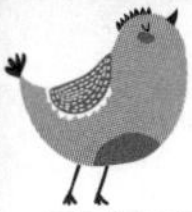

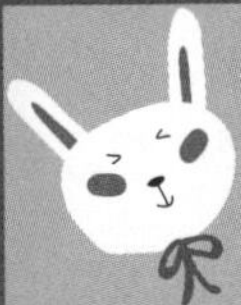

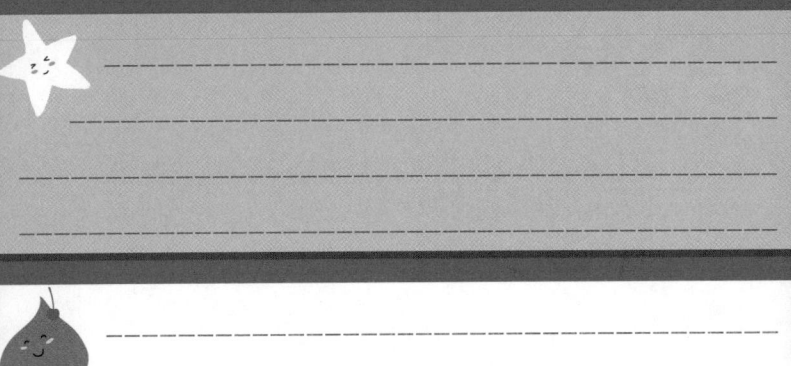

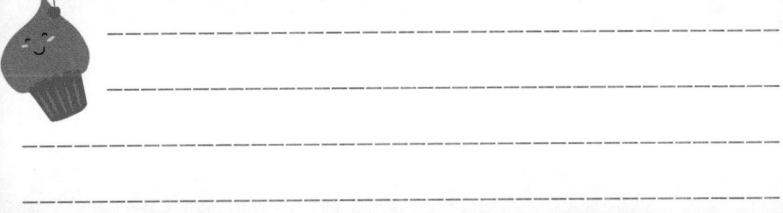

Pausa para o DESAFIO MATSURA!

Bom, até que o desafio anterior não foi tão difícil, não é!? Então agora vamos desafiá-los pra valer!! Você se considera bom em trava-línguas? Pra você que disse sim: parabéns!!

Mas nós queremos desafiar você a fazer um trava-língua diferente: um trava-lingua japonês! E agora, o que nos diz? Por um momento achou que seria em português, não é!? (Hahaha) Na-na-ni-na-não! O trava-lingua é em japonês e caso você fique em dúvida quanto à pronúncia, é só acessar o nosso vídeo "Desafio do trava-lingua em japonês – 'Entre mãe e filha'" lá no canal oficial (Thais e Thalita Matsura)!!

Chame seus amigos e familiares e vamos ver quem é bom no trava-lingua! Aposto que vocês vão se divertir muito!!

1
Romaji: URANIWA NI WA NIWA, NIWA NI WA NIWA NIWATORI GA IRU

Hayakuchi-Kotoba: 裏庭には二羽庭には二羽鶏がいる
Tradução: Há duas galinhas no jardim e duas no quintal

2
Romaji: MIGI MIMI MIGI ME MIGI ME MIGI MIMI

Hayakuchi-Kotoba: 右耳右目右目右耳
Tradução: Orelha direita, olho direito, olho direito, orelha direita

3

Romaji: BASU GASU BAKUHATSU

Hayakuchi-Kotoba: バスガス爆発

Tradução: Explosão de gás no ônibus

4

Romaji: NAMA-MUGI NAMA-GOME NAMA-TAMAGO

Hayakuchi-Kotoba: 生麦生米生卵

Tradução: Trigo cru, arroz cru, ovo cru

5

Romaji: AYA YA, HAHAOYA NI O-AYAMARINASAI

Hayakuchi-Kotoba: 綾や母親にお謝りなさい

Tradução: Aya, por favor, peça desculpas à sua mãe

6

Romaji: MIGI MIMI NI MINI NIKIBI

Hayakuchi-Kotoba: 右耳にミニニキビ

Tradução: Uma mini espinha na orelha direita

7

Romaji: KAERU PYOKO PYOKO, MI PYOKO PYOKO, AWASETE PYOKO PYOKO MU PYOKO PYOKO

Hayakuchi-Kotoba: 蛙ぴょこぴょこ三ぴょこぴょこ合わせてぴょこぴょこ六ぴょこぴょこ

Tradução: Sapo, pula e pula, três pulos, somando mais pulos, seis pulos

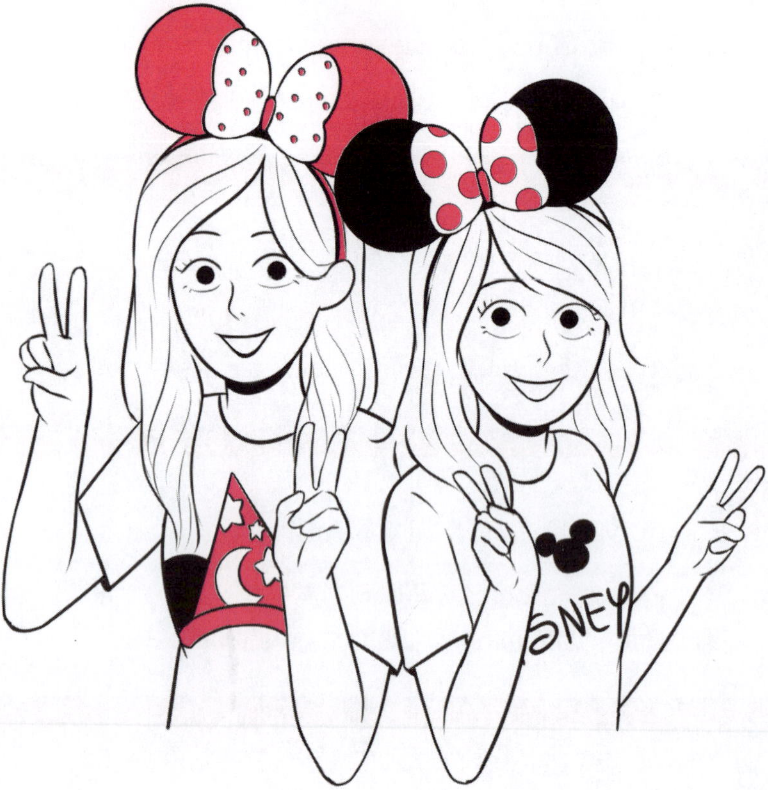
SNEY

VAMOS À DISNEY!!

Bom, gente, país novo, tudo novo, então é claro que a gente precisa explorar o local, né!? No mesmo ano em que chegamos, em dezembro, fomos pela primeira vez à Tokyo Disneyland. Que sonho e que alegria conhecer a Disney! Um casal de amigos convidou a gente pra ir com eles. Nessa época, ainda não tínhamos carro, e a Disney ficava a mais de 290 quilômetros de distância da nossa cidade. Hoje, moramos a 24 quilômetros desse mundo encantado. Incrível, né!? Nunca imaginamos que iríamos morar tão pertinho!

O complexo Disney no Japão compreende a tradicional Disneyland, a Tokyo DisneySea e também o complexo hoteleiro Tokyo Disney Resort. A Disney Sea foi desenvolvida especialmente para o público japonês e não existe em nenhum outro lugar do mundo. Por isso, atrai turistas do mundo todo, inclusive dos Estados Unidos. O parque está sempre bem cheio, e há épocas do ano em que ele muda a decoração, como Natal, Páscoa, Halloween, Summer Festival etc.

Voltando à nossa primeira vez na Disneyland, era dezembro e já estava bem frio no Japão. Teve um momento em que fui ao banheiro e a Thalita se perdeu de nós. Ficamos desesperados, porque ela ainda não falava tão bem o japonês, então refizemos todo o caminho ao banheiro. Lá, nós encontramos a Thalita chorando e uma japonesa, toda educada, tentando se comunicar com ela. Quando chegamos, a Thalita já correu para os nossos braços e a japonesa sorriu, quando viu que era a família da garotinha. Nós agradecemos à mulher e seguimos com o passeio. Mas olha que susto foi esse, né, Thalita?

Sim, mãe! Lembro como se fosse hoje, eu chorando, procurando por vocês e nada. E essa japonesa falava comigo para tentar me ajudar, mas eu não entendia quase nada, só falava: "Oka-san, oka-san" ("mãe" em japonês). Mas, tirando esse susto, o passeio foi megadivertido!!

Depois desse dia, nós voltamos várias vezes ao parque. A Disney é, sem dúvida, um lugar encantador e mágico, mas o que eu mais amo lá, além dos brinquedos, é claro, é a pipoca. "Mas por que, Thais?" Porque você tem a opção de comprar o refil, que, no caso da pipoca, pode ser uma caixinha de papel ou um pote superfofo – alguns parecem um baldinho de plástico; outros são em formato dos personagens da Disney ou em modelos variados. É possível enchê-lo sempre que quiser por um valor bem barato. Os sabores também são bem variados: caramelo, refrigerante, morango, shoyu, manteiga e sal, pimenta-do-reino etc.

Outra coisa superfofa que a gente ama na Disney é a orelhinha. Toda vez que a gente vai, dá vontade de comprar um par! (hahaha!) Tem também os chapéus de personagens que geralmente são bem grandes e de pelúcia, ótimos para a época do frio, porque no verão são insuportáveis de tão quente!!

Ah! Uma curiosidade no Japão que você vê muito, mas muito mesmo, na Disney: jovens, grupos de amigos, casais de namorados e até os casados vão ao parque vestidos com a mesma roupa. Isso no Japão se chama osoroi (que seria se vestir igual ao outro). Então, o que mais vemos são grupos de amigas e casais vestindo as camisetas da Disney, usando a mesma cor de shorts, de tênis, e às vezes até o mesmo modelo! (hahaha!) Até falei para o Mr. Matsura que um dia ainda vamos à Disney de osoroi, ele, a Thalita e eu! A Yukinha não pode, porque infelizmente é proibida a entrada de animais na Disney, mas ainda vamos visitar a Disney de osoroi e postaremos fotos pra vocês, ok? 😁

 Entre as nossas idas à Disney, teve uma vez que a gente foi em um brinquedo na água e pensou: *Ah, não vai molhar nada, né? Talvez respingar algumas gotinhas pelo que a gente observou das outras pessoas saindo do brinquedo.* Fomos nós três, e adivinhem! Isso mesmo! Saímos pingando desse brinquedo. (hahaha!) Eu gravei tudo! Pra quem não assistiu, é só procurar na playlist MATSURAS NA DISNEY. Vocês vão ver a gente molhado. Sorte que eu levei uma câmera à prova d'água, porque, senão, teria perdido uma câmera. E ainda bem que nesse dia estava muuuito quente. Mês de agosto no Japão o sol é de torrar. Ou seja, nossa roupa secou rapidinho! (hahaha!) Esse dia foi bem divertido!

 Ainda não conhecemos a Disney dos Estados Unidos, mas temos muita vontade de conhecer. Já está na nossa meta de sonhos: conhecer os famosos parques dos Estados Unidos. Será um sonho realizado para nós. E com certeza, quando acontecer, vamos levar vocês conosco pelos nossos vídeos!

Acesse

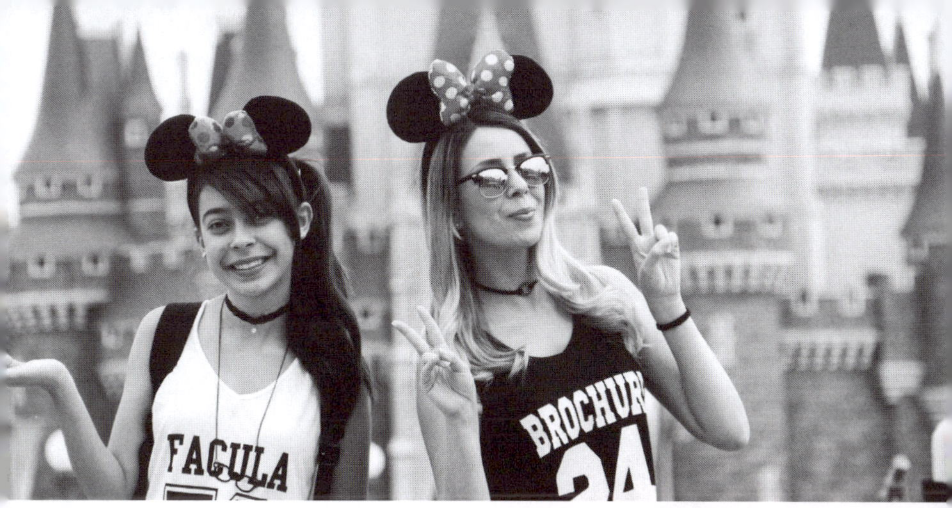
FACULA

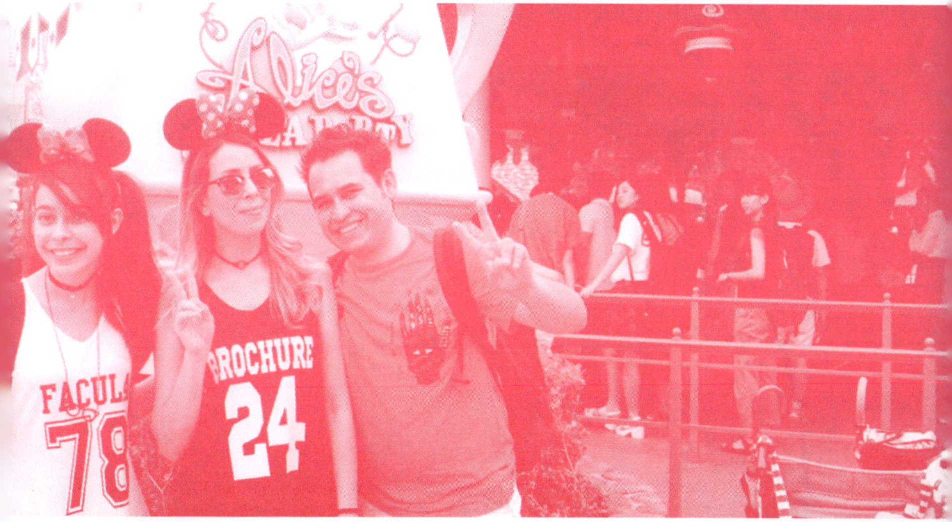
Alice's
BROCHURE
24

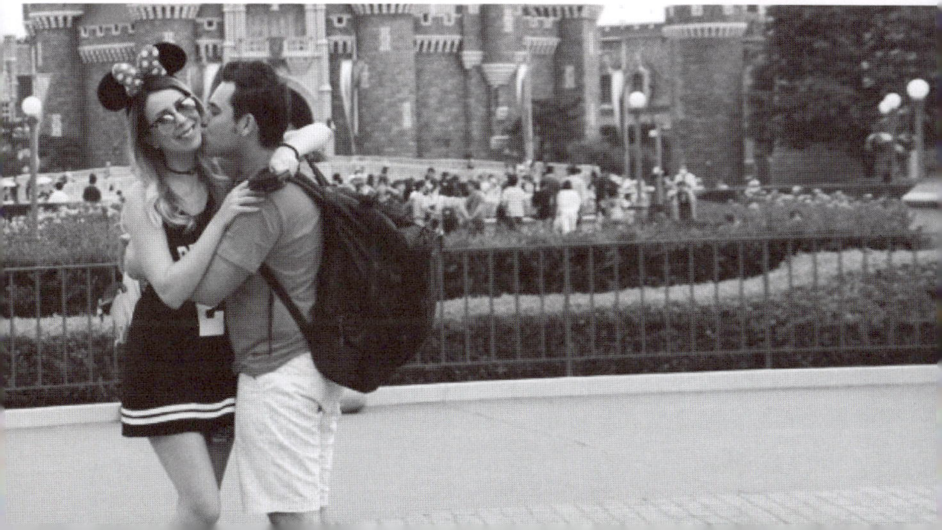

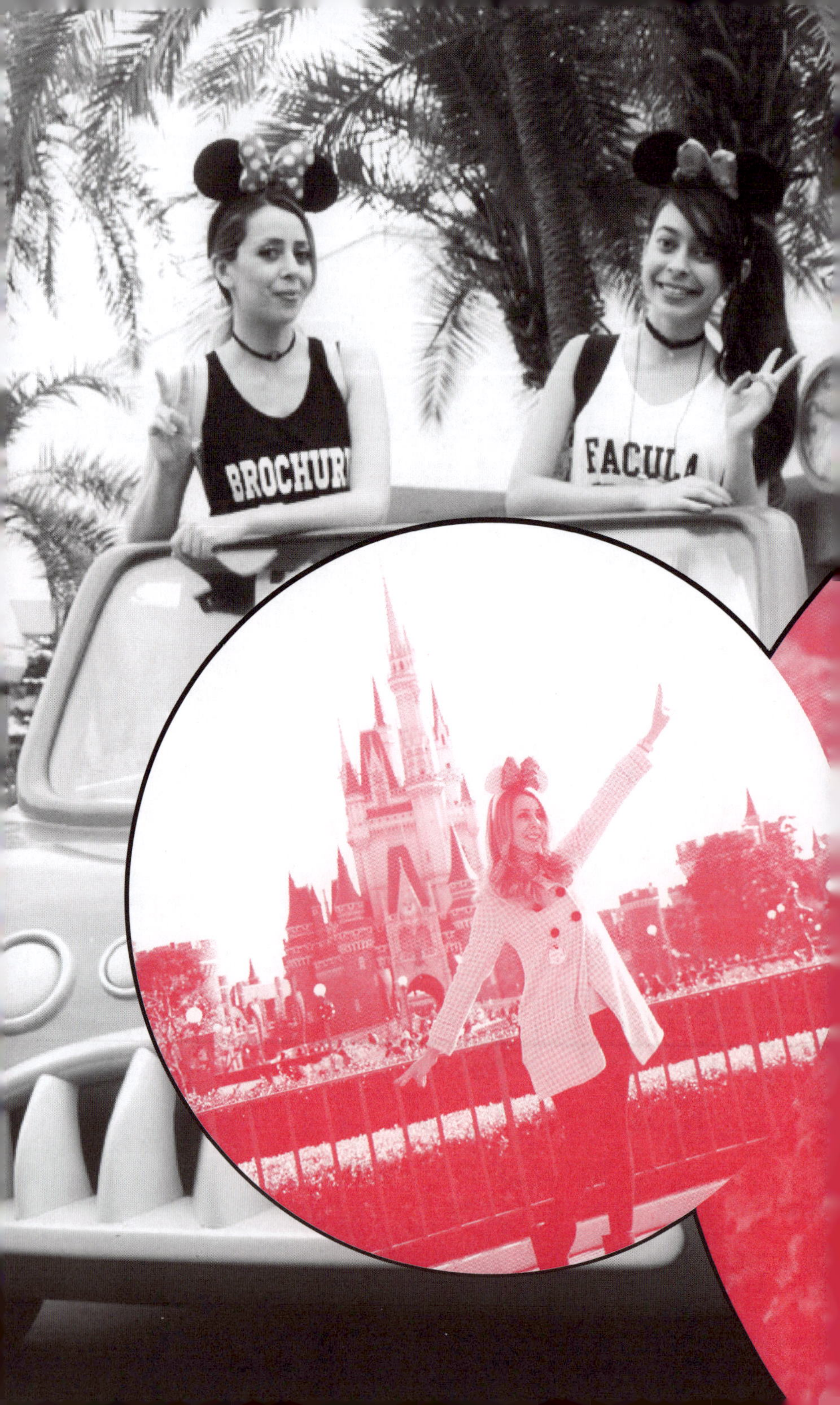
BROCHUR
FACULA

HTER WE'R

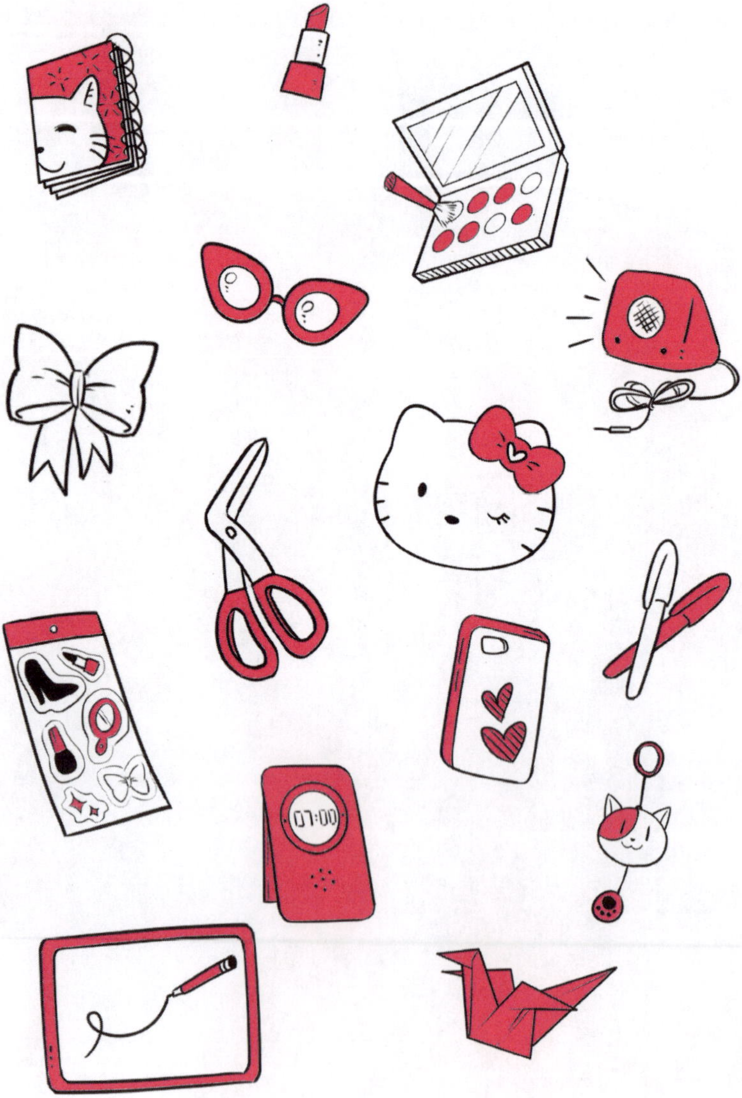
07:00

CURTINDO O JAPÃO

Além da Disney, conseguimos visitar vários outros lugares, é claro, principalmente depois de conseguirmos comprar o nosso carro, uns três meses depois de chegarmos lá. Agora sim dava pra passear bastante, conhecer novos lugares, novos restaurantes, ir ao shopping e nos aventurar mais pelo Japão.

Uns dos primeiros lugares que conhecemos antes mesmo de ter o carro foram as lojas de Hyakuen (tipo lojas de um dólar, um real). Gente, essas lojinhas são demais! Ainda mais no início, porque a gente encontrava, e ainda encontra, muitas coisas fofas, curiosas e diferentes. Imaginem a gente no início, vendo tantas coisas fofas da Hello Kitty, muitos docinhos com embalagens superchamativas e fofinhas... E o preço era o melhor!

Foi um pouquinho difícil pra gente se acostumar com a moeda, mas isso foi rápido! (hahaha!) Meu marido morria de rir e ficava feliz em ver a nossa alegria dentro dessas lojas. Ele teve muita paciência com a gente, pois ficávamos horas e horas dentro dessas lojinhas. Até hoje, quando entramos em uma loja de Hyakuen, ficamos boas horas por lá, pois são irresistíveis.

A parte que eu mais amo é a de material escolar, que sempre tem novidades e coisas fofinhas, e, claro, a parte dos docinhos também! (hahaha!)

Um dos passeios supermarcantes para mim e para meu marido foi a escalada do Monte Fuji. Foi uma experiência incrível, surreal! O maior vulcão do Japão, e nós chegamos lá no topo! Foram quase oito horas de escalada. Começamos a subir à noite, por volta das 21 horas, com um grupo de brasileiros, e, detalhe, eu era a única mulher do grupo. Como a Thalita era pequena, ela ficou na casa de uma amiga nossa.

A subida não foi tão simples como eu havia imaginado. Conforme você vai subindo, a temperatura vai caindo. Muitas vezes nós sentimos falta de ar, mas às 4 da manhã conseguimos chegar ao topo. Estava extremamente frio, a temperatura lá em cima era abaixo de zero, mas conseguimos ver o sol nascendo. Com certeza, é uma das recordações mais incríveis que vou guardar para sempre na minha memória. Foi um privilégio admirar o nascer do sol. Olhar para baixo e ver que você está acima das nuvens é incrível! Tiramos fotos, filmamos e está tudo registrado.

Ahhhhh! Detalhe: muitos rapazes riram de mim, falando que eu não iria conseguir, já que eu era a única mulher do grupo, mas meu marido me ajudou muito na escalada, mesmo no momento em que sentíamos muita falta de ar. E eu cheguei ao topo, com ele. E olha que ironia do destino: o rapaz que mais riu e duvidou de mim foi o que ficou pra trás e não conseguiu chegar ao topo com a gente! Não subestime uma mulher, viu!? (hahaha!)

Com certeza, esse é um dos passeios que irei contar para meus futuros netos. (hahaha!). Já até me imagino falando: "Estão vendo? Não desistam dos seus objetivos, meus netinhos. Sua avó aqui subiu o Monte Fuji e deixou muito barbudo para trás!". (hahaha!)

Aliás, falar sobre sonhos é sempre muito bom, pois eles movem a nossa vida. No entanto, antes de falar a respeito deles e sobre como o nosso canal começou, queremos dar uma pausa para falar sobre neve!

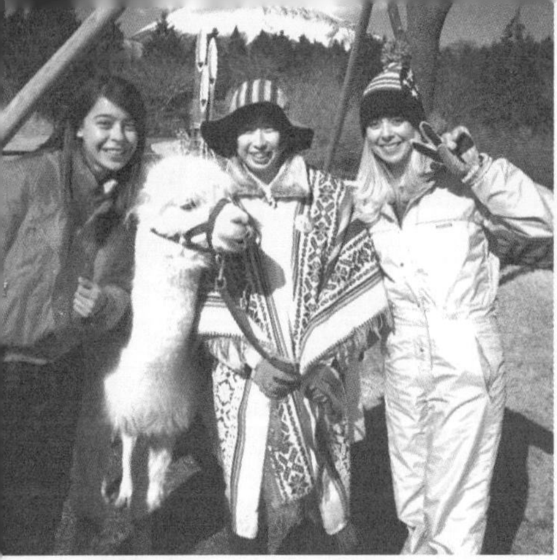

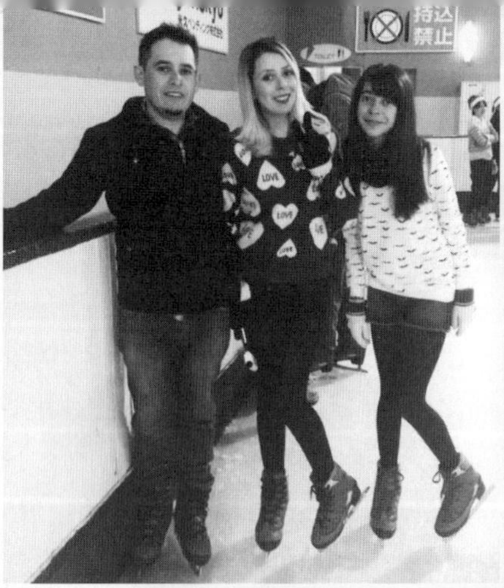
持込
禁止

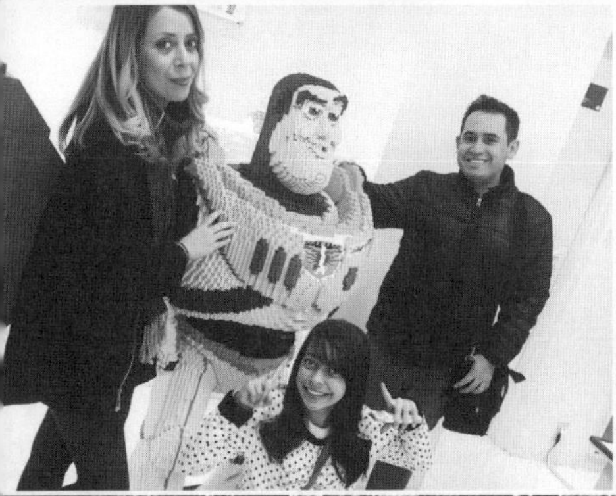

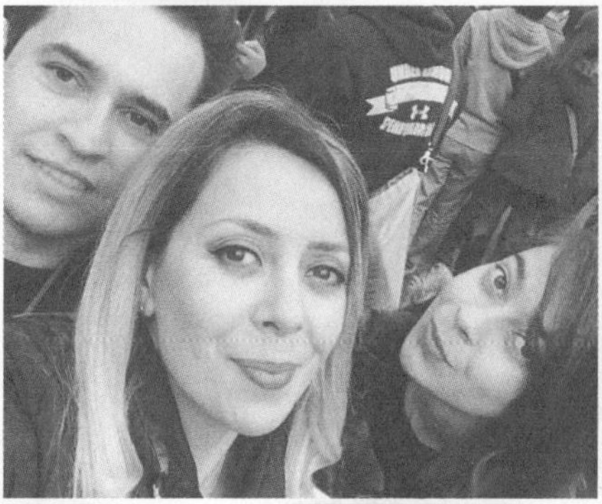

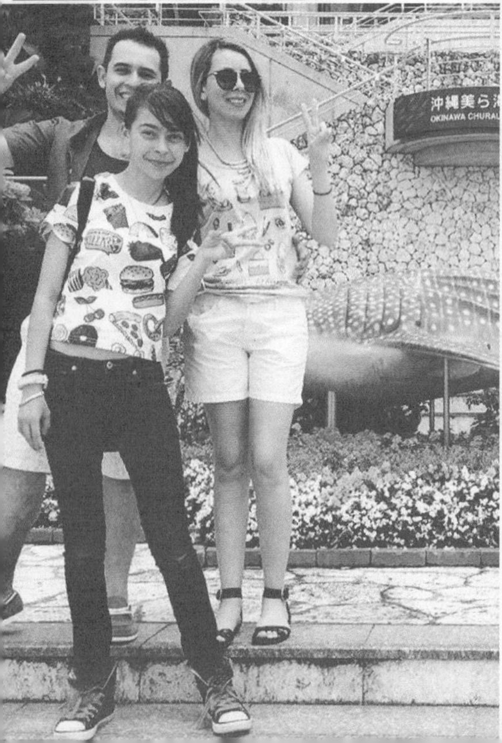

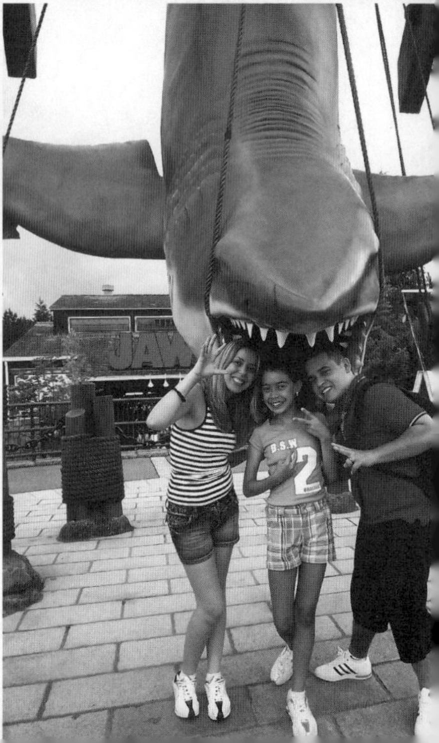

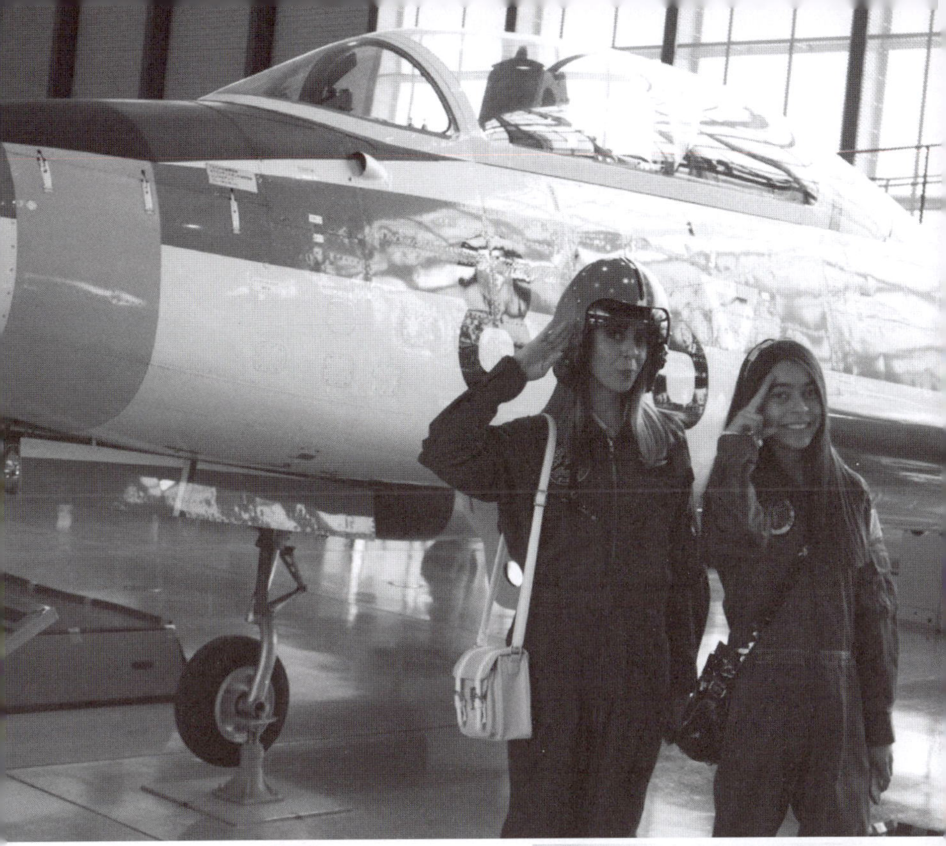

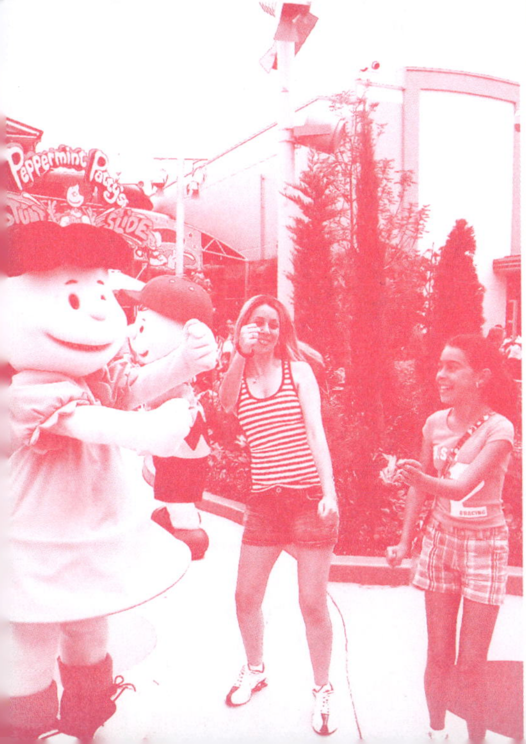
Peppermint Patty's
SLIDE

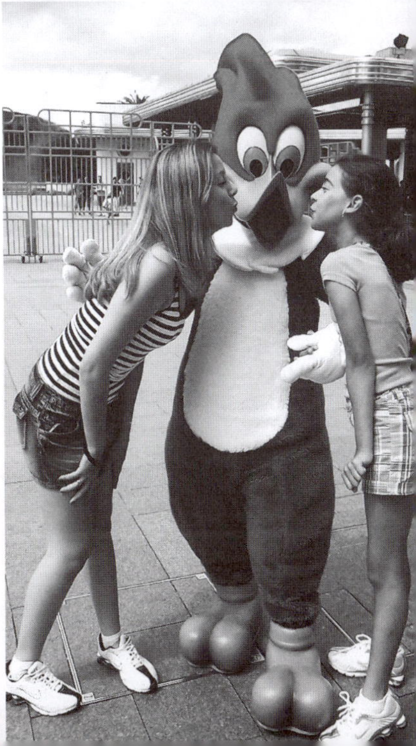

Floquinho de NEVE

Um belo dia, há 3 anos, a Thalita veio e falou: "Mãe, eu queria tanto ter um cachorrinho de estimação...". Ela desejava de todo o coração ter um, já que o único bichinho de estimação que ela tinha tido foi um peixinho; mas, tadinho, não sobreviveu por muito tempo.

Todos os dias ela falava que queria um cachorrinho. De manhã, à tarde e à noite, lá estava ela: "Mãe, pai, posso ter um cachorrinho?". Ela dizia que iria cuidar muito bem do cachorrinho, que seria uma companhia pra ela etc. Todos os dias, por longas semanas, sempre vinha com a conversa toda ensaiada pra tentar nos convencer. (hahaha!)

A insistência era tão grande, que um dia meu marido e eu conversamos e decidimos que daríamos o tão sonhado cachorrinho que ela queria. Quando contamos que a Thalita poderia ter um *pet*, ela gritou, pulou e vibrou de tanta alegria, e logo já foi à internet olhar os sites de pet shop do Japão.

Nós até tentamos adotar, entramos em contato com um local que faz doação de cães, mas, por morarmos longe, eles davam preferência para pessoas que morassem no mesmo estado do canil. Isso, então, nos impediu de adotar um cãozinho.

Minha primeira tentativa foi em um site em que havia vários cães superfofinhos. Eu já tinha em mente que queria um cachorrinho todo branquinho. Vi um da raça chihuahua lindo, todo branquinho, aí pensei: *É esse mesmo que eu quero!* Mostrei à minha mãe e ela também achou lindo, mas no outro dia, quando entrei no site do pet shop, justamente esse cachorrinho já havia sido vendido. Eu fiquei muito triste, chorei, mas minha mãe me disse: "Talvez não era pra ser esse. Fique tranquila, logo você vai encontrar um cachorrinho que será o seu".

E eu continuei a minha saga em busca da Yuki, e não demorou muito até encontrá-la em outro site. Era de um pet shop que ficava dentro de um shopping, um pouco longe da nossa casa, em outra cidade. Era a cachorrinha mais fofa do site, toda branquinha, e realmente parecia um floquinho de neve. Liguei para o pet shop e perguntei se eles poderiam reservar a cachorrinha pra gente ir conhecer no outro dia. A moça me disse que até poderia, mas era só um dia. Se alguém se interessasse, ela teria que vender. E é claro que no dia seguinte fomos em busca da Yuki! Chegamos ao pet shop e a moça trouxe a nossa linda Yukinha. Foi amor à primeira vista de todos de casa, até ficamos emocionados quando a vimos! (hahaha!)

Para quem não sabe, o significado do nome Yuki em japonês é neve. 😉

Nesse dia, nós registramos tudo, gravamos um vlog, compartilhando todo esse momento (você pode conferir o vídeo no nosso primeiro canal). A Yuki tinha 5 meses, tremia um pouquinho, mas já me apaixonei por ela. Realmente ela ganhou o coração de toda a família.

Hoje eu não me imagino sem a nossa companheirinha Yuki. Ela é amorosa e, detalhe, adora aparecer nas câmeras. Ela tem até um Instagram! Sim, gente, com mais de 75 mil seguidores, acreditam? (hahaha!)

Quem acompanha o canal Matsura Vlog sabe o quanto a Yuki ama aparecer nos vídeos. Sério mesmo! Parece que ela já sabe quando a gente liga a câmera, porque diversas vezes que estávamos gravando ela estava lá atrás, no sofá, brincando, se espreguiçando ou, muitas vezes, dormindo. (hahaha!) Todos amam que ela participe dos vídeos. Por esse motivo, sempre estamos compartilhando passeios, comprinhas e novidades que acontecem com a Yuki. Como a Thalita contou, além dos vídeos, a Yuki também tem um Instagram, que já passa de 75 mil seguidores. Se você não a segue, corre lá! É @yukimatsura. Lá, a gente posta várias fotos fofinhas e de coisas engraçadinhas que ela faz. Ela com os namoradinhos dela... (hahaha!) Sim, a Yuki teve vários amores. O primeiro foi o ursinho Chico, mas o pobre Chico morreu rasgado de tanto que a Yuki o mordeu. Logo em seguida, compramos o Chico II, para substituir o primeiro, mas ele também não durou muito. A Yuki também namorou o bonequinho do Chapolin, mas ela começou a rasgá-lo, então tivemos que guardar pra não soltar a espuma do tecido, que poderia fazer mal a ela. Ou seja, mais um término de namoro! (hahaha!) O namorado que mais durou foi o Tum-elho, um coelhinho cor-de-rosa com quem ela amava brincar. Ele até viajou com ela no avião pela Europa. Chique, né? (hahaha!) Só que a Thalita esqueceu o Tum-elho no avião e o caso de amor novamente acabou. Agora compramos um novo namorado para a Yuki, um cachorrinho de pelúcia, vestido de policial. Demos o nome de Yuji, e a Yuki gostou muito dele. Esperamos que esse namoro dure bastante agora. (hahaha!)

Ela faz o maior sucesso com os nossos fãs, e com os japoneses também. A Yuki é muito danadinha! (hahaha!) E hoje ficamos muito felizes em saber que muitos fãs já colocaram esse nome em seus bichinhos de estimação. Já recebemos mensagens da galera, contando que deram o nome da Yuki para tartaruga, cachorro, gato, coelho e até pássaro. Com certeza, temos muitas Yukis espalhadas pelo Brasil!

Nossa família não seria a mesma, nem as histórias seriam as mesmas, sem a Yukinha na nossa vida, o nosso floquinho de neve!

Acesse

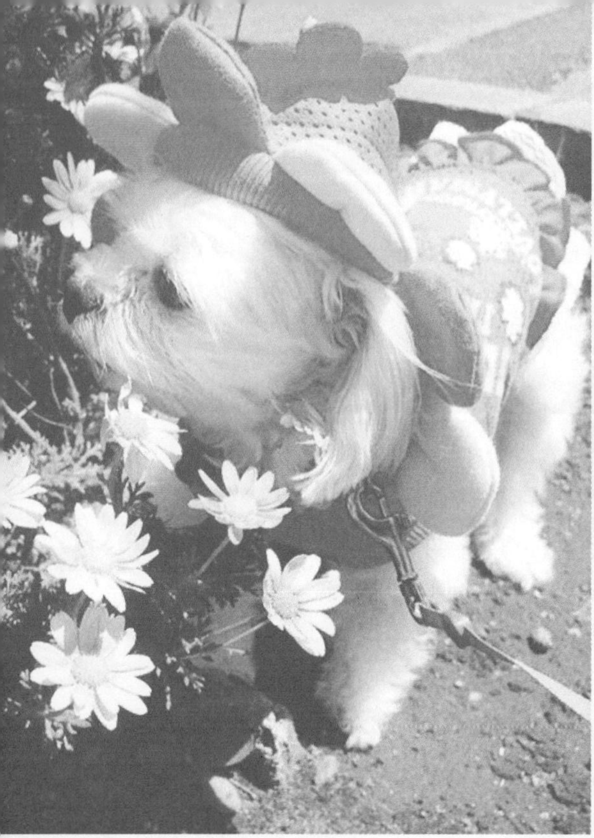
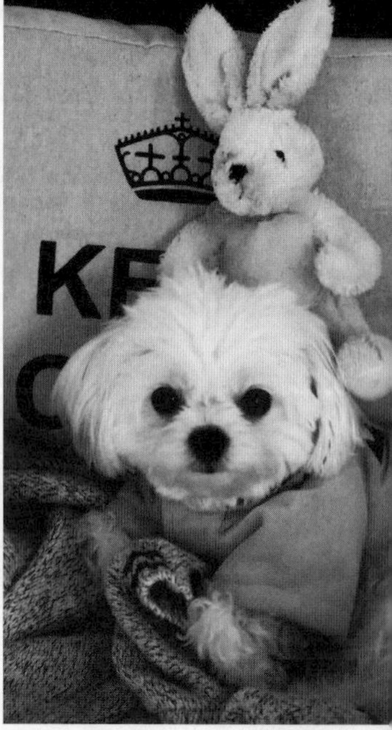
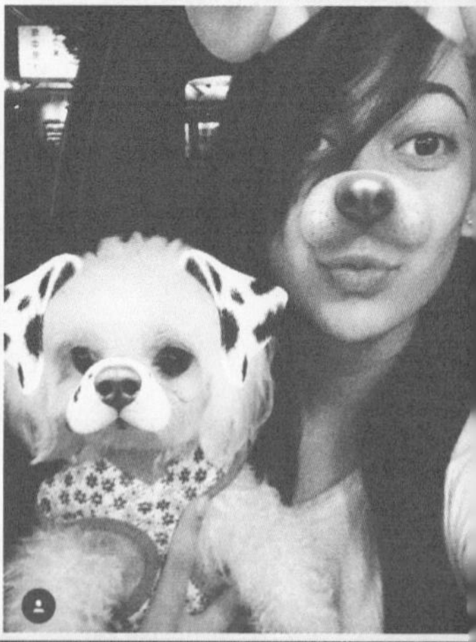
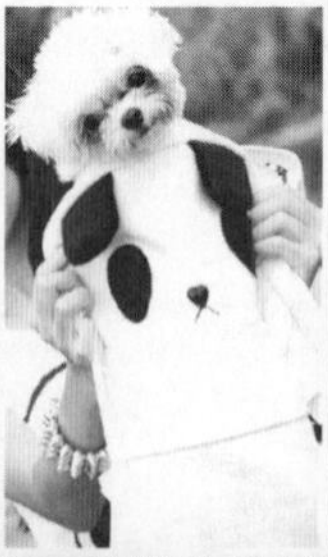
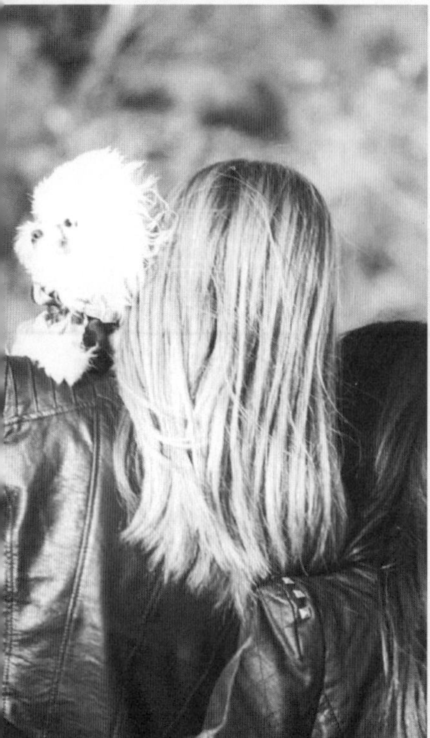
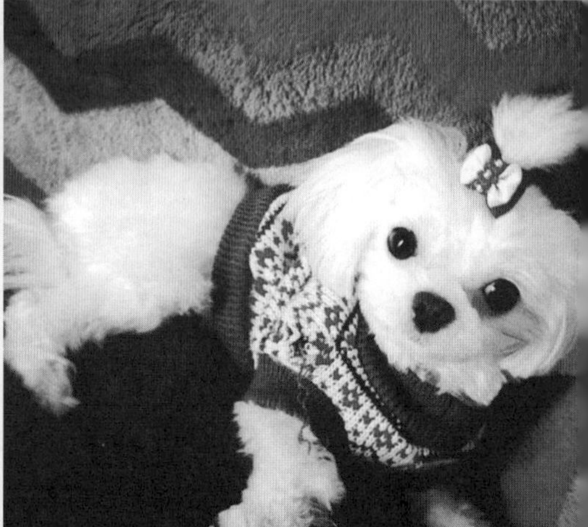

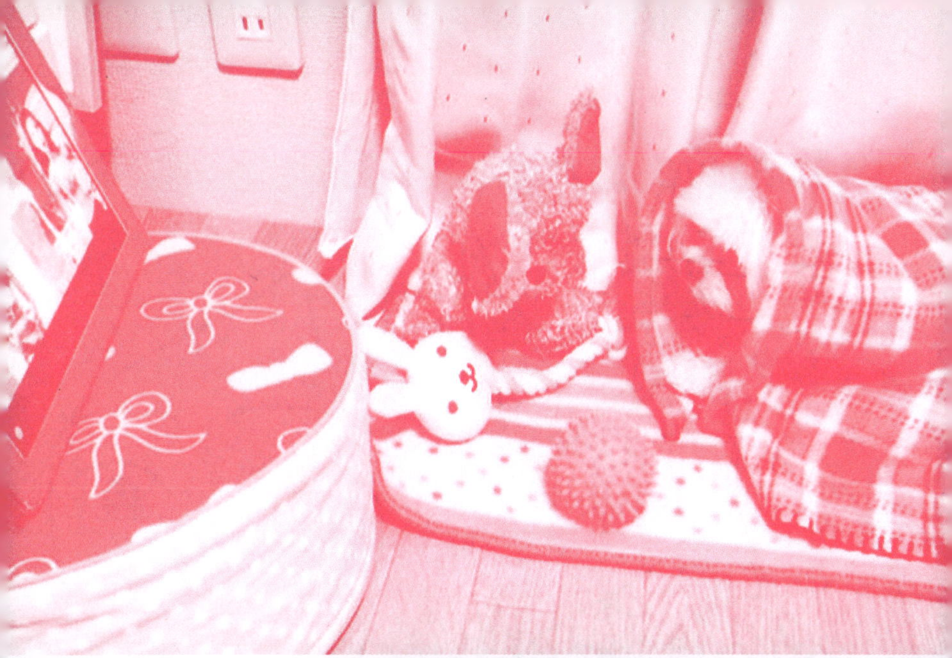

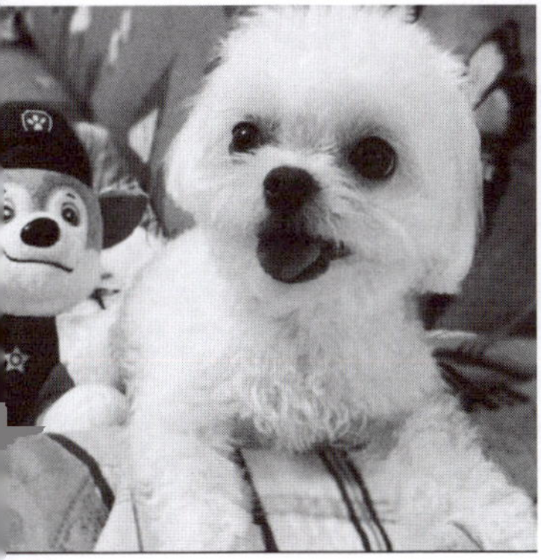

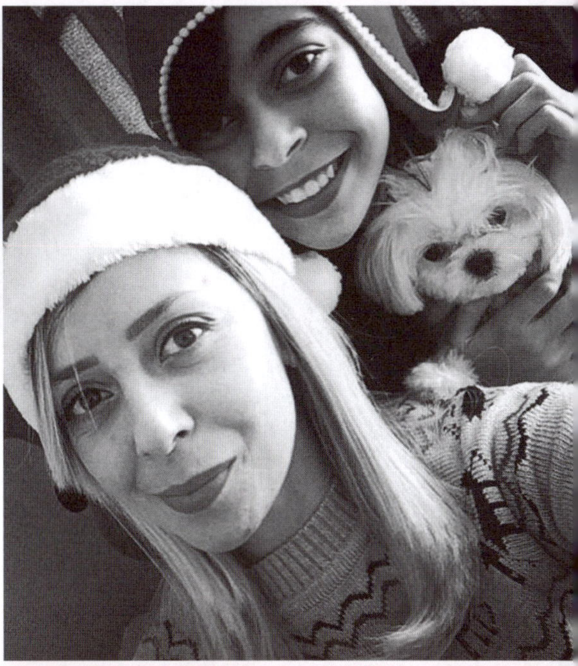

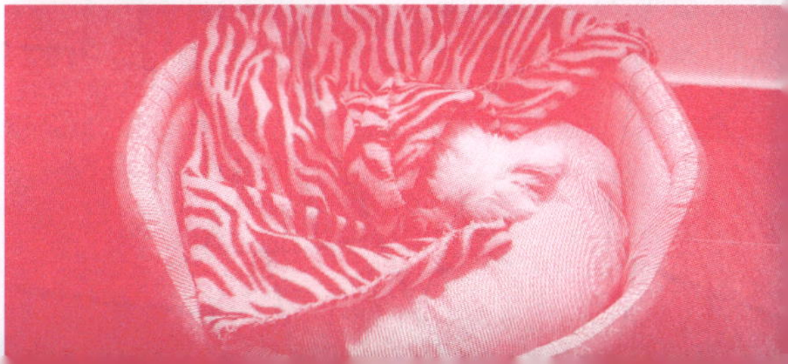

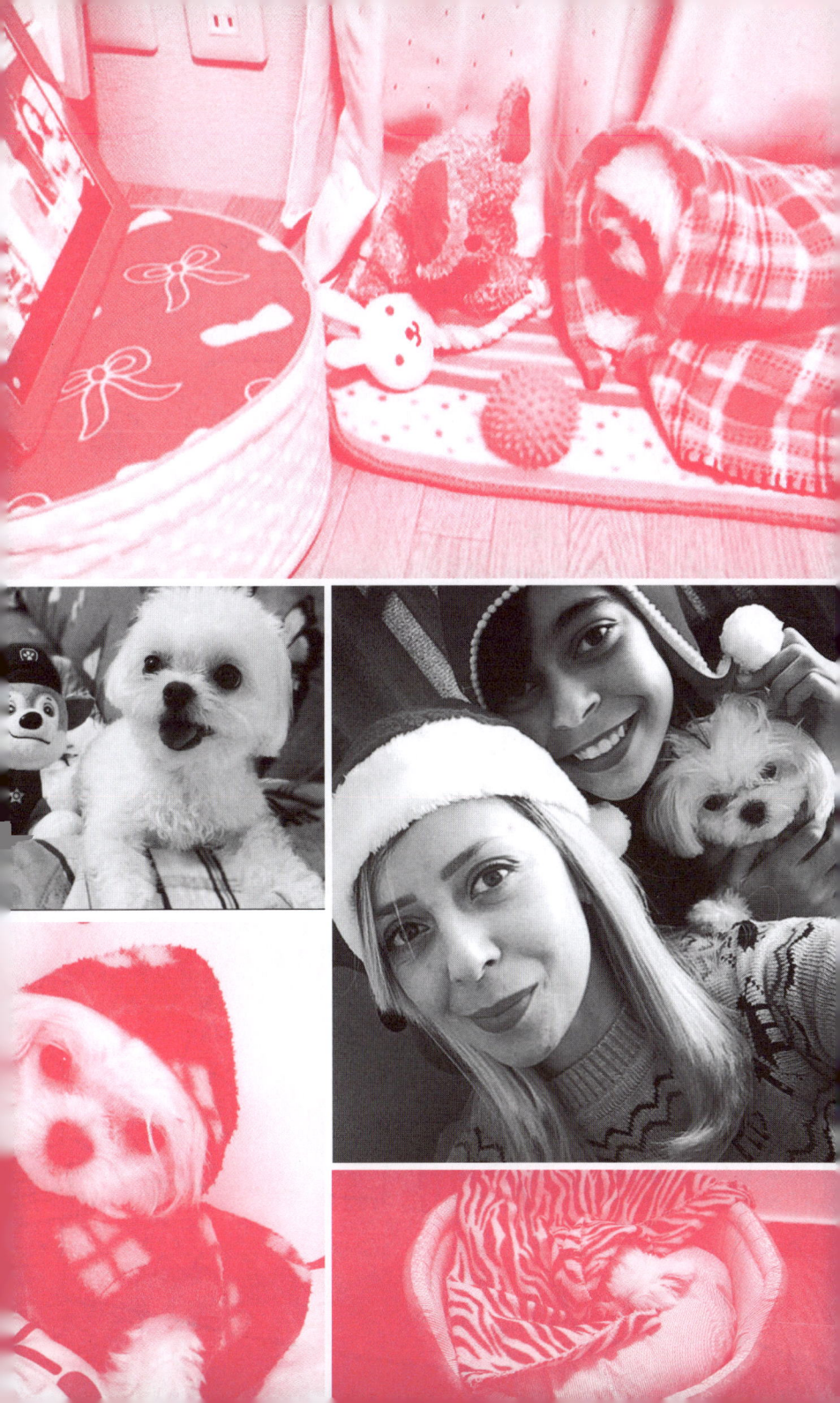

10 INSCRITOS

Vamos fazer um **CANAL**?

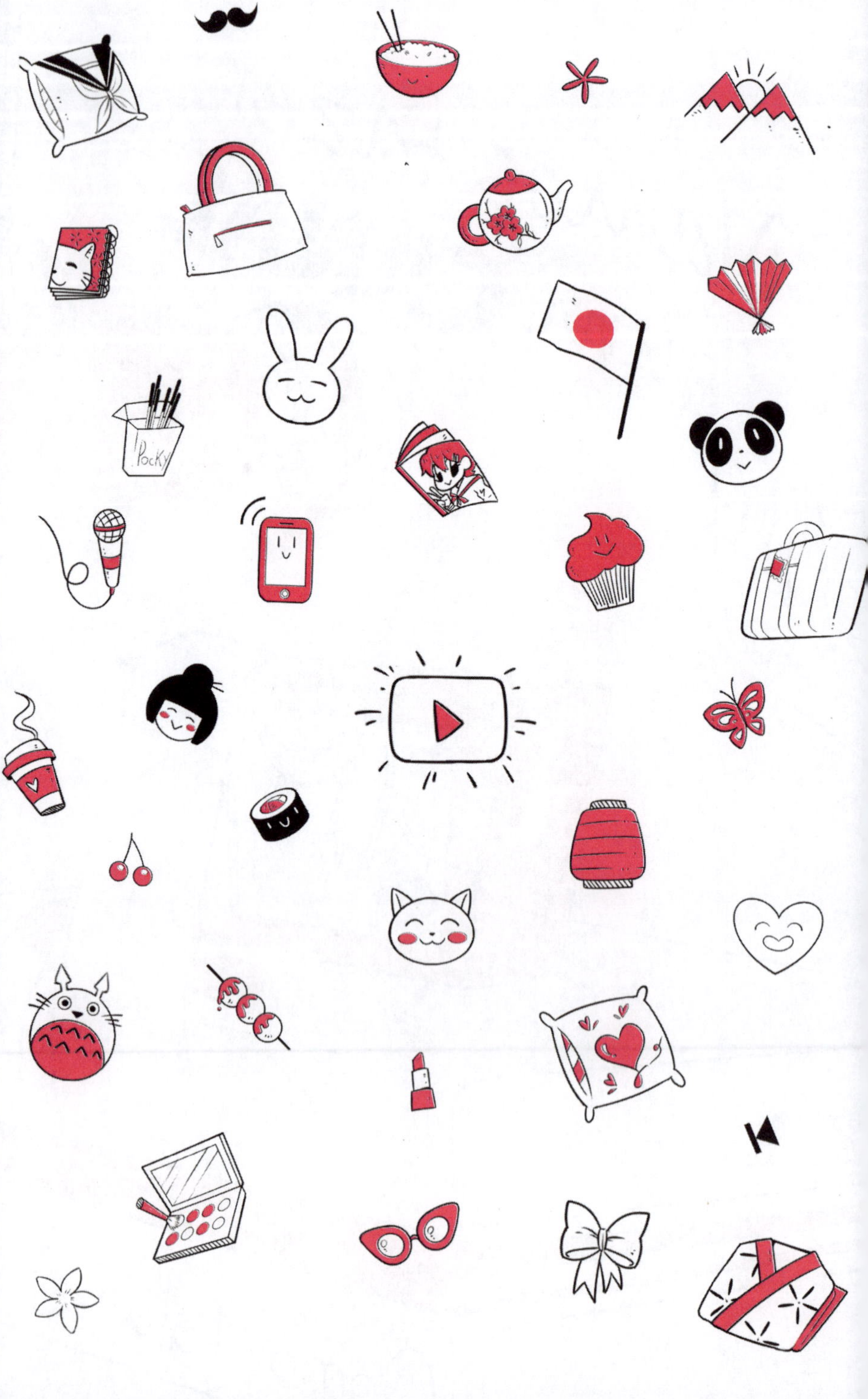
Pocky

"**Você já pensou** em fazer um canal no YouTube?". Para a maioria das pessoas, a resposta hoje é "sim". Mas, quando a gente começou, ainda não era tão comum assim. Foi tudo bem despretensioso. Com o que nós já contamos, vocês puderam perceber que a adaptação em um país onde tudo é diferente – cultura, comida, língua, hábitos – é um grande desafio. Afinal, tudo está mudando na sua vida, você já não tem mais os mesmos amigos ao seu lado, os familiares e toda aquela rotina que você tinha antes. Mas ok, né? Vida que segue. Desafios são importantes na vida de qualquer pessoa; isso ajuda a gente a crescer e evoluir.

Desde que chegamos ao Japão, além de assistir a filmes e séries, eu tinha o hábito de assistir a vídeos do YouTube de algumas blogueiras que gravavam suas compras, tutoriais de maquiagem, dicas etc. Passava horas vendo esses vídeos, já que não tinha uma rotina ainda, pois, como eu disse, só depois de algum tempo arrumei um emprego e tive uma rotina mais comum.

Depois de vários meses, ainda estava lá, firme e forte, no nosso bom e velho amigo YouTube, e o meu marido observava que eu me divertia muito com os vídeos. E, sabendo que eu sempre amei tirar muitas fotos – era foto com as primas, com o marido, com a Thalita; enfim, sempre estava tirando muitas fotos –, surgiu a ideia: "Por que você não cria um blog e um canal no YouTube? Assim, você pode compartilhar as fotos e um pouco do que vocês estão vivendo aqui".

Nessa época não se ganhava nada do YouTube, e eram eles que selecionavam quem gostariam de trabalhar e monetizar os vídeos. Ou seja, para mim era um *hobby* mesmo. Então criei meu primeiro blog e o meu primeiro canal. Quando criei o canal, já trabalhava e tinha uma rotina aqui no Japão, a Thalita estudava, fazia natação etc. Eu também criei um canal para ela publicar as coisinhas dela, algo que ela achasse divertido. No início, os vídeos eram mais para os meus familiares acompanharem a gente aqui, vendo o crescimento da Thalita também, a fim de diminuir um pouco a distância.

Ok, tudo bem. Vamos deixar vocês darem uma espiada nos posts antigos. Ai, meu Deus, que vergonha!!

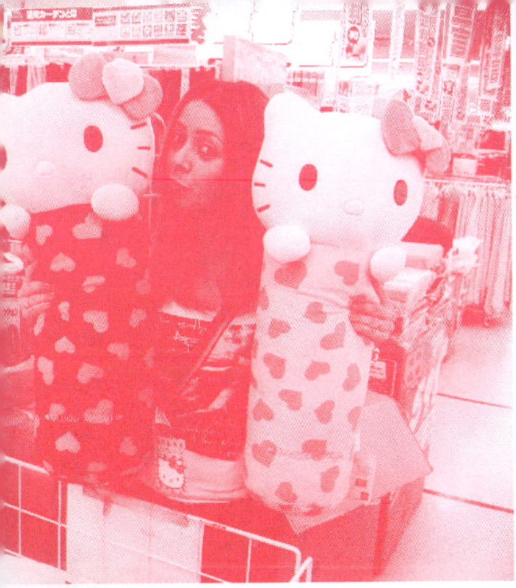

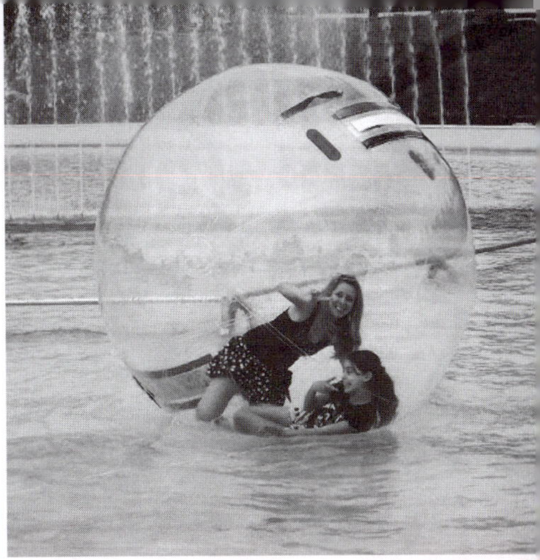

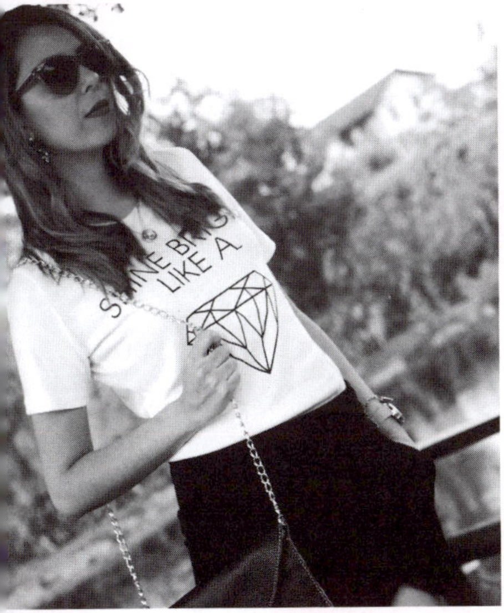
LIKE A

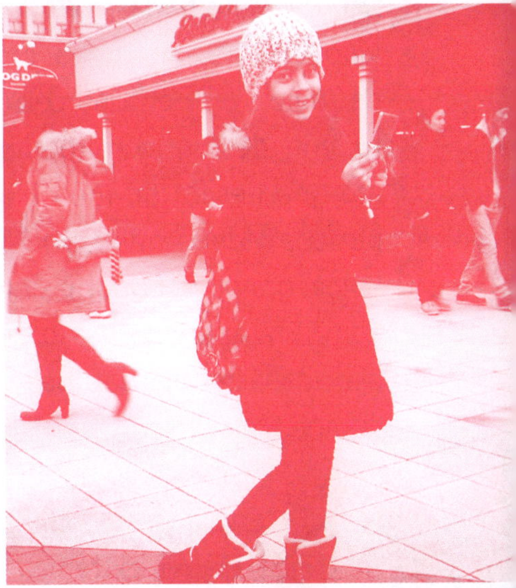

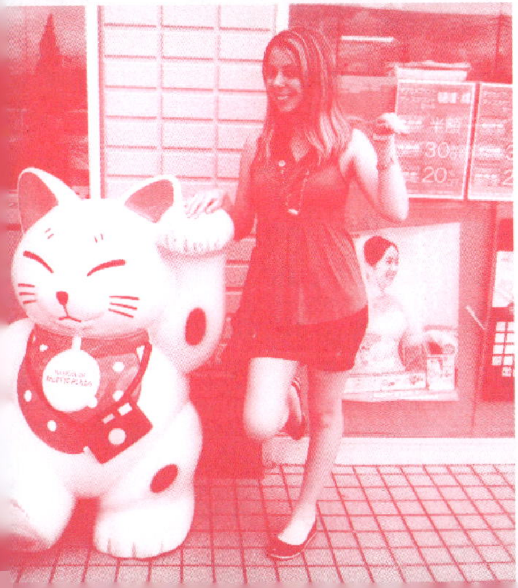

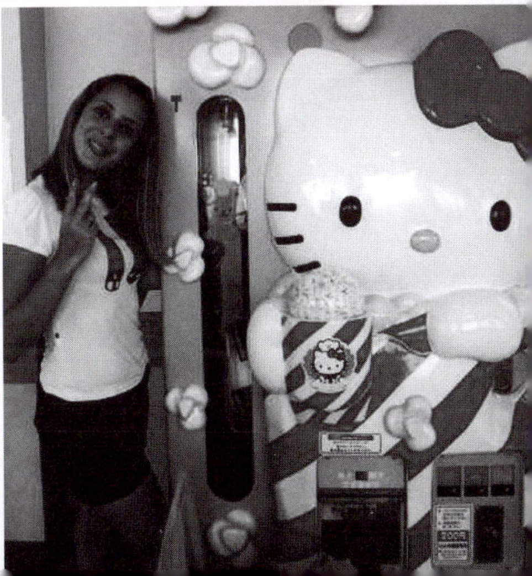

Eu sempre incentivei várias meninas a criarem seu canal ou blog, e me surpreendi quando uma colega de trabalho me disse que alguns brasileiros estavam tirando sarro dos meus vídeos, que era coisa de gente que não tinha o que fazer, perda de tempo, que isso não dava em nada etc. Aquilo tudo veio como uma rocha em cima de mim, me entristeceu muito, me desmotivou totalmente, até que desisti do meu blog e dos poucos vídeos que havia feito. A Thalita havia gravado pouquíssimos vídeos também. Era apenas um *hobby* tanto pra mim quanto pra ela, mas, depois das palavras dessa moça, desanimei completamente.

Já dizia o antigo ditado: "Para atrapalhar tem muitos, mas para ajudar são poucos", não é? Fiquei extremamente triste com aquelas palavras, que, na época, nem cheguei se eram verdade, ou se essa pessoa só estava falando o que pensava. Enfim, foi o que bastou pra eu desistir e ficar no meu canto. Mas eu sentia falta, pois era algo que eu fazia porque gostava. Aquilo não me dava dinheiro, não pagava minhas contas, mas era algo que eu sentia prazer em fazer. Mas, com uma palavra, tudo desmoronou para mim e deixei em segundo ou terceiro plano.

Continuei trabalhando, sempre alegre, e em frente, mas confesso que eu tinha guardado aquele desejo no meu coração. No dia da formatura de sexta série da Thalita, meu marido me disse: "Amor, por que você não volta com seu blog e a gravar vídeos?". Ele, como um bom observador, tinha notado que eu sentia falta. E eu falei: "Será? Nem sei se eles estão funcionando ainda". (hahaha!) Realmente, fazia tempo que eles estavam na geladeira, sabe? Meu marido sempre me incentivou, me ajudou e apoiou em tudo, e disse algo que valeu a pena eu pensar: "Se você gosta de algo, sente prazer em fazer aquilo, por que parar? Só porque uma pessoa disse que não é legal? Porque ela ou outra não gostou? Talvez o que essa moça tenha dito nem seja verdade. E, mesmo que seja, o importante é você gostar do que você faz. Nem Jesus agradou a todos, não seríamos nós que iríamos agradar. Se você gosta, continue e persista, não desista, porque sempre vai aparecer uma pedra no caminho. Temos que saber pular essas pedras e seguir fazendo aquilo de que gostamos".

Pensei em tudo o que ele me disse. Então, fomos à formatura e, claro, tiramos muitas fotos da Thalita. Ela estava linda nesse dia! Quando voltamos da formatura, sentei no sofá e conversei com ela: "Filha, o que você acha de a gente fazer um canal juntas? A mamãe e você".

Eu topei na hora. Achei que seria muito legal gravar vídeos com a minha mãe, a gente sempre se diverte junto.

Quando a Thalita disse que sim, meu marido falou: "*Demorou*, amor!". Na mesma hora, arrumei a câmera, me sentei no sofá com a Thalita e gravamos uma introdução para o nosso primeiro canal. Ainda estávamos vestidas com a roupa da formatura. A Thalita, na época, tinha 12 anos e eu, 28.

Fizemos nossa pequena apresentação e ali começamos. Não olhei mais para pessoas negativas, e segui firme acreditando apenas em mim e na Thalita.

Acesse

Na época eu pensava assim: *Meu Deus, será que um dia nosso canal vai chegar a 5 mil inscritos?* Quatro anos atrás não havia tantos canais como hoje, então as pessoas tinham um pouco de vergonha para gravar e postar seus vídeos. Por esse motivo, pra mim, 5 mil inscritos na época significava ter, tipo, 5 milhões de inscritos hoje! (hahaha!)

Lembro que a cada 100 inscritos eu fazia uma montagem agradecendo a todos, a qual eu compartilhava sempre com o pessoal nas redes sociais. Até pouco tempo eu tinha prints guardados dessas pequenas conquistas!

A partir daí não paramos mais. O canal foi crescendo devagar, naturalmente. Eu gravava vídeos sobre comprinhas, coisas favoritas; os da Thalita eram sobre docinhos, material escolar, enfim, vídeos que ela se sentia bem em gravar e voltados para a idade dela. Juntas, nós gravávamos tags, desafios divertidos e vlogs com a família. Mesmo estando do outro lado do mundo, o nosso canal não parou de crescer, e acredito que o que favoreceu tudo isso foram nossa determinação e alegria em gravar os vídeos.

Nessa época, 2013, a gente gravava conforme podia, geralmente nos finais de semana, porque eu trabalhava fora o dia todo e a Thalita estudava em período integral. A escola dela era bem puxada, tinha muitas lições pra fazer depois da aula. Mas o crescimento do canal e o contato com as pessoas nos motivava cada vez mais a continuar e a melhorar o conteúdo sempre.

O YouTube começou a pagar um valor pelas visualizações dos vídeos, mas era tão pouco, que nunca havia passado pela minha cabeça largar o meu trabalho para me dedicar 100% ao canal do YouTube! Hahaha, até parece, né!?

Conforme o tempo foi passando, o canal foi crescendo cada vez mais, sendo reconhecido, e, em 2014, notei que a nossa renda do canal já estava próxima ao meu salário. Meu marido superincentivou que eu arriscasse e saísse do serviço para me dedicar totalmente ao canal. Na época fui meio contra, ainda com medo, e falei: "Não, vou esperar mais um pouco. Depois, mais à frente, eu vejo isso". Após alguns meses, decidi sair do meu trabalho para me dedicar totalmente ao canal e, acredite, foi a melhor decisão que tomei, porque depois disso o canal cresceu cada vez mais.

Nessa época, o canal tinha cerca de 32 mil inscritos, o que para nós, na época, já era muuuuita gente. (hahaha!) Depois dessa decisão eu só vi as coisas fluírem cada vez mais. #NuncaDesista #SemprePersista

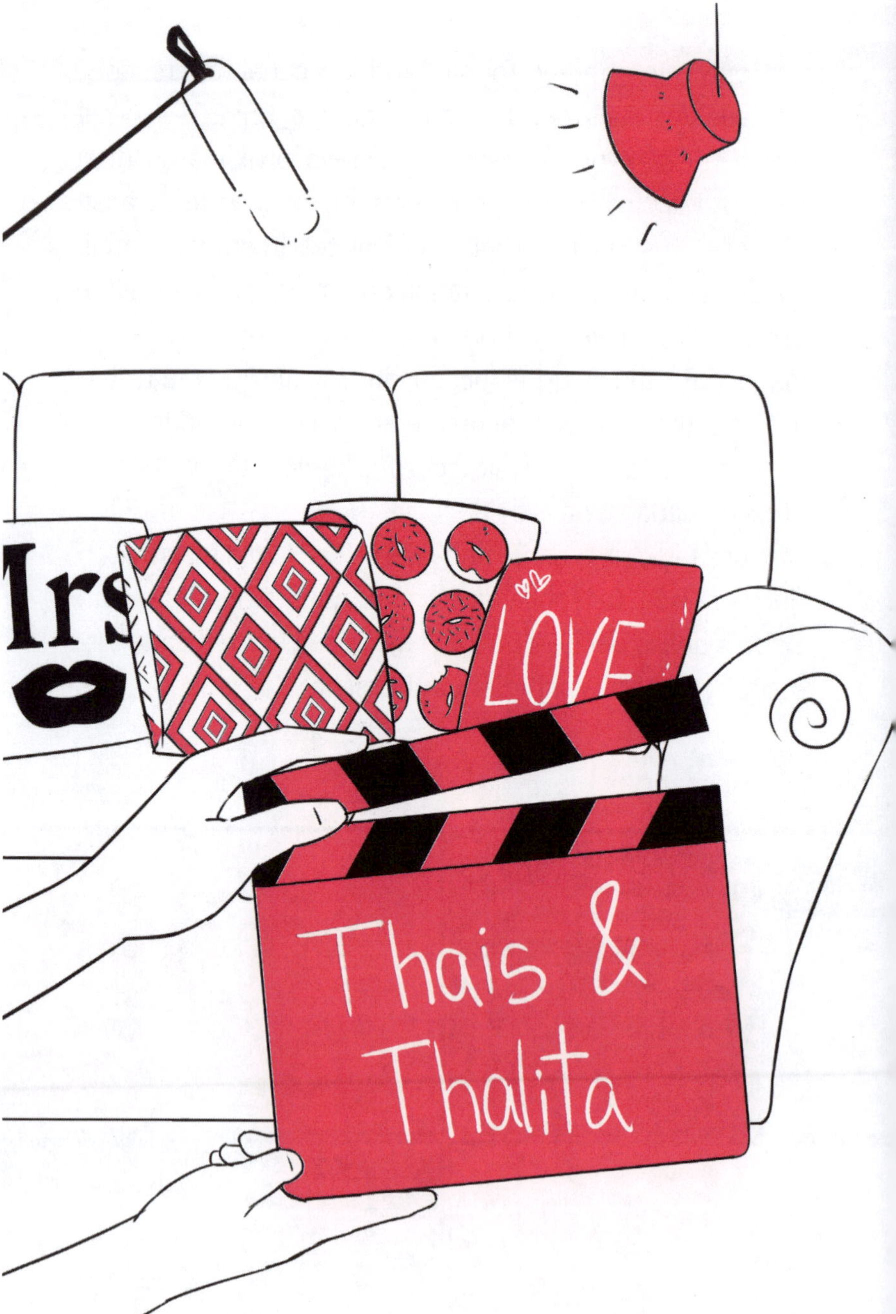
Mrs
LOVE
Thais &
Thalita

LUZ, CÂMERA, AÇÃO!

Quando começamos a gravar os nossos vídeos, não tinhamos nem a metade da qualidade que temos hoje em dia. Começamos com uma câmera beeeem simples, que não tinha visor para poder olhar como a gente estava. Então, precisávamos que uma arrumasse a câmera para a outra a fim de que o vídeo não ficasse desfocado, ou que não cortasse nossa cabeça. Isso é sério, já aconteceu várias vezes! (hahaha!) Se você pensa que tudo eram flores, tudo muito simples, não era não. A qualidade da nossa câmera não era tão boa, o áudio era bem fraco... Iluminação? Hahaha, não tinha! Depois de um tempo, usamos uma luminária grande para quebrar um galho quando a gente gravava à noite, mas sempre optávamos por gravar de dia.

Mas, Thais, e a edição? Ah, a edição... Meu primeiro editor foi o Windows Movie Maker. Sabe aquele editor gratuito? Pois é, foi com ele que comecei a editar. Já gostava de fazer isso no Brasil, com fotos, e depois continuei usando para os vídeos, que também era um trabalho bem simples. Com o tempo, senti a necessidade de um editor melhor, porque tudo que tinha para explorar nele eu já havia explorado. Então, vi a necessidade de mudar de editor e comprar um computador novo. A gente sempre juntava o dinheiro do YouTube e, com a ajuda do meu marido, investia em algo melhor para o canal, pensando sempre na qualidade para vocês.

Depois de um tempo, conseguimos uma câmera boa, compramos iluminação, troquei de computador novamente, e assim fomos evoluindo. Então, optei por comprar um editor profissional, porém sem nenhum tutorial em português para aprender a mexer. Mas, como temos nosso amigo YouTube, achei um tutorial de um mexicano. (hahaha!) É, foi bem difícil entender o que ele ensinava, mas, com muita determinação, aprendi bastante coisa.

Uma coisa que eu sempre observava em outros canais eram os cenários, e até hoje, sempre que estamos assistindo a um vídeo, acredito que a maioria gosta de ver um cenário arrumadinho, bonito, sem muita informação, mas também não muito vazio, não é mesmo? A maioria dos nossos vídeos a gente sempre gravou na sala ou no quarto. Teve época em que coloquei adesivo de parede, às vezes deixava sem nada, mas sempre procurava manter bem arrumado e clean, mudar os objetos, colocar um abajur, um vaso de flor, um quadro, luzes, pra não cansar a visão de quem nos estava assistindo. E isso eu continuo fazendo até hoje. Inovar sempre é bom, então uso e abuso de acessórios e enfeites legais que combinam com o nosso estilo e, é claro, com o tipo do vídeo também.

Então, se você sonha em ter um canal e pensa: *Poxa, eu não tenho uma câmera boa...* Relaxa! Hoje em dia, as câmeras dos celulares são bem melhores do que a câmera em que a gente começou a gravar! (hahaha!) Com calma você consegue uma câmera legal e vai melhorando a qualidade dos seus vídeos. Agora, se você já tem uma câmera legal, aí é só mandar bala e começar a gravar! Procure sempre gravar vídeos em que você se encaixa ou que sabe fazer melhor. Convide um amigo, seus primos, ou até mesmo sua mãe, seu pai, seus filhos para gravarem com você. Lembre-se de que ninguém começa com um canal enorme, cheio de inscritos e visualizações. Todo mundo começa do zero, e o que vai contar é a sua força de vontade e determinação. Se você se esforçar e acreditar que vai dar certo, pode acreditar que vai sim, e não se importe com comentários ou pessoas negativas, sempre vai aparecer uma ou outra. Com a gente foi assim, e até hoje recebemos comentários de pessoas que vêm só pra criticar. Como o número é tão insignificante, preferimos apenas olhar para o lado positivo, que é praticamente 99,9%!! #FujaDoNegativismo #AcrediteEmSiMesmo

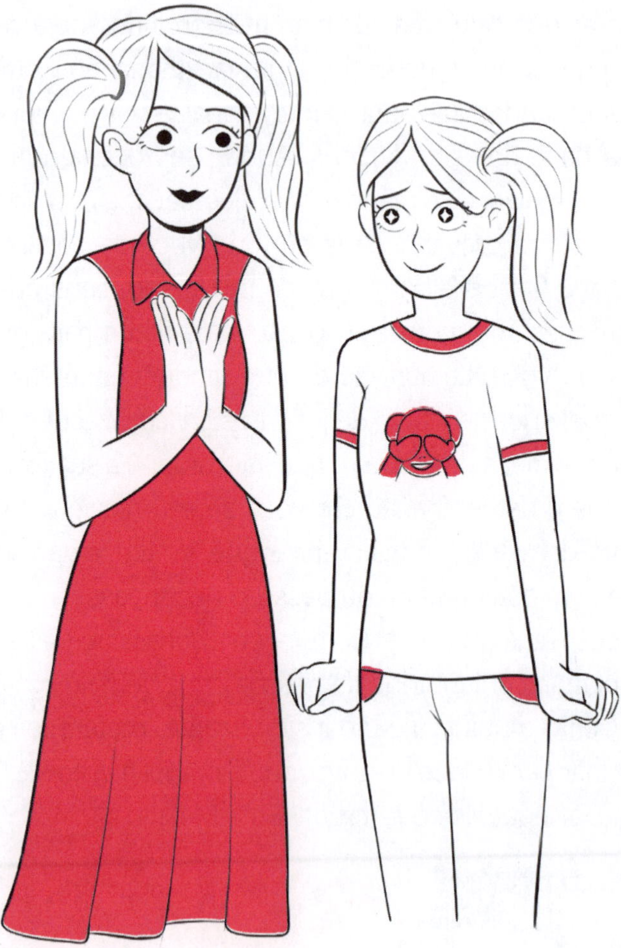

O QUE DIZER?

Nunca tivemos roteiro. Então, a partir do momento em que apertava o botão da câmera, a gente falava meio o que vinha à cabeça. Tinha muito erro? Siiim, e até hoje erramos bastante. (hahaha!) Quem nunca? No início, não tínhamos toda essa desenvoltura com as câmeras. Vocês podem até comparar nossos primeiros vídeos com os atuais. Há uma diferença enorme, não é? Mas, com o tempo, fomos ganhando intimidade com a câmera. Hoje, gravamos como se estivéssemos realmente conversando com vocês, olhando pra câmera e pensando que ali estão todos os nossos fãs, que consideramos mais que fãs: amigos, a #FamíliaMatsura!!

Depois de um tempo, começamos a gravar outros tipos de vídeos, que os próprios fãs começaram a pedir, como novos desafios, respostas a perguntas, vídeos de comédia, entre outros. E, claro, fomos gravando aqueles que têm a ver com o nosso estilo, que dão certo de fazer.

Criar conteúdo para o YouTube é uma das coisas que mais amamos fazer. Foi algo que em nos encontramos, com o qual nos identificamos e nos sentimos bem em fazer.

Mas antes a gente sempre se organiza para ver qual tipo de vídeo vamos gravar no dia, ou qual vídeo está na fila de espera. Como anotamos tudo e tem muitos pedidos, a gente anota sempre aqueles mais pedidos pelos fãs; assim, vamos gravando conforme a sequência que anotamos.

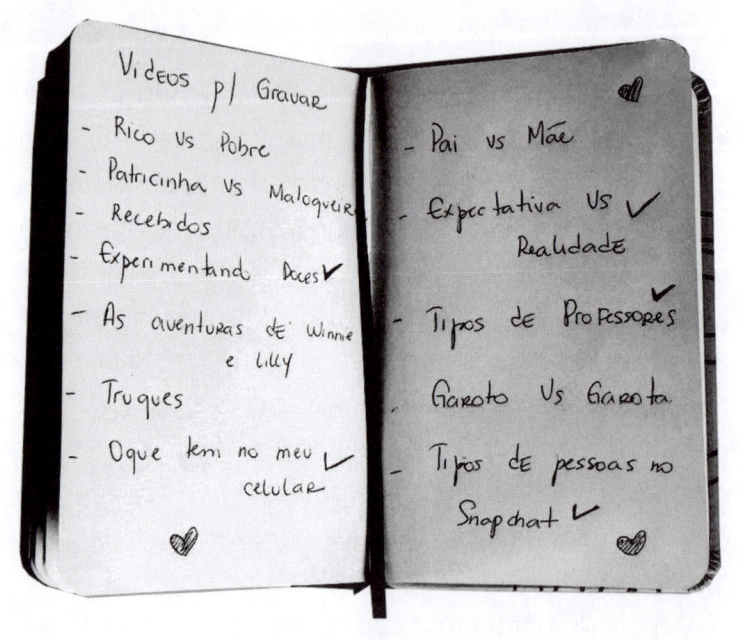

> **Vídeos p/ Gravar**
> - Rico vs Pobre
> - Patricinha vs Malogueire
> - Recebidos
> - Experimentando Doces ✓
> - As aventuras de Winnie e Lilly
> - Truques
> - O que tem no meu celular ✓
> - Pai vs Mãe
> - Expectativa vs Realidade ✓
> - Tipos de Professores ✓
> - Garoto vs Garota
> - Tipos de pessoas no Snapchat ✓

Nós temos três canais. O maior é o Thais e Thalita Matsura, em que começamos a gravar vídeos juntas, e gravar realmente as coisas que gostamos como: comprinhas, viagens e passeios, desafios divertidos, experimentando doces, tags, expectativa vs. realidade etc.

Como eu já disse, nós costumamos anotar todas as ideias que temos para gravar em um caderninho e no celular. Sim, sou prevenida! Se a bateria do celular acabar, tenho o caderninho em mãos!

Mas, voltando ao assunto, temos o costume de anotar todas as ideias, porque várias vezes tivemos ideias superrr legais para gravar e, por não anotar, depois acabamos esquecendo parte do conteúdo. Por esse motivo, eu anoto tudo (hahaha!).

Há alguns tipos de vídeos que não têm roteiro. A gente simplesmente liga a câmera e fala, sim, o que vier na cabeça (hahaha!). Se a gente erra, volta novamente, mas não há um roteiro a seguir. A gente desenvolve tudo na hora. 👄 Mas há vídeos, como "rico vs. pobre", "tipos de amigas", "tipos de professores" etc. Sempre anotamos algo pra lembrar o que vamos falar. Não criamos um roteiro em que temos que decorar as falas como em uma novela, mas criamos a história e, baseadas nela, vamos desenvolvendo o vídeo. Geralmente, esse tipo de vídeo demora bastante pra gravar, porque são várias e várias cenas. É o tipo de vídeo que demora mais pra editar pelo mesmo motivo: muitas cenas. Mas o resultado sempre é ótimo, porque o *feedback* do público é incrível. Isso nos inspira a criar mais e mais vídeos pra vocês.

Agora, quando estamos tristes, meio doentes ou coisa do tipo, não gravamos. Por quê? Porque, quando não estamos bem, o vídeo não fica bom. Se estamos desanimadas no dia ou tristes com algo, tudo isso transparece no vídeo. Então, se não estamos bem, não gravamos. Gostamos de gravar quando estamos superbem, alegres, porque queremos passar a mesma alegria para vocês. Então, de uma coisa vocês podem ter certeza: todos os vídeos a que vocês assistem são gravados com muita alegria, porque essa é a mesma alegria que queremos passar pra vocês. 😊 💖 Agora, se no dia que é pra gravar estamos na "bad", aí temos duas opções: ou não gravamos, ou espantamos a tristeza pra gravar. Claro que tudo depende do dia e do momento.

Mas nosso lema é: alegria e ânimo sempre. Bora gravar!!

Nós estamos sempre procurando coisas novas para apresentar no canal principal, mas a ideia de criarmos *As aventuras de Winnie e Lilly* surgiu de uma maneira bem natural. Sempre fomos fãs de séries. Assistir a séries é algo que costumamos fazer sempre em família. E um belo dia pensamos: *Por que não criar nossa websérie?!* Muitas questões vieram à mente: *qual será a história, os personagens, o nome que daremos a eles, o roteiro etc*. A escolha do nome da websérie também fez a gente pensar por alguns dias. Queríamos algo marcante, mas não muito complicado. Até que surgiu: *As aventuras de Winnie e Lilly*.

Pensamos em uma websérie em que a pessoa que a estivesse assistindo entrasse no mundo da imaginação, onde realmente tudo pode acontecer.

Criamos a personagem Winnie, que é uma garota que se sentia muito sozinha e sem amigos, e um dia encontra um controle de videogame. E adivinhe? Dentro dele tem um gênio maluquinho, que lhe concede um desejo. Como ela desejava muito ter uma amiga para poder brincar, conversar, estudar e tudo mais, o gênio lhe concedeu seu desejo. Então, ao chegar em casa, ela encontra no seu quarto uma boneca humana.

Mas Winnie nem imagina o quanto Lilly (a boneca) vai aprontar, hehehe, e que as duas iriam viver muitas aventuras divertidas.

Eu sempre amei teatro. Desde pequena, eu participava de peças de teatro na igreja, e sempre gostava de interpretar os personagens mais diferentes possíveis (hahaha)! Pra mim era uma superaventura e, ao mesmo tempo, um desafio gostoso e divertido.

A Thalita, quando pequena, fazia balé e também participou de musicais no palco. Ela fez testes para um programa de TV, no qual precisou atuar, e foi superbem.

Agora, voltando às gravações da websérie, percebi que a Thalita gostou muito de interpretar. Inclusive, o Mr. Matsura faz o maior sucesso com o personagem do gênio gordo. A galera adora as palhaçadas dele (hehehe). Ou seja, pra nós foi mais que perfeito criar a websérie, em que a família Matsura toda participasse. É algo, sem dúvida, que ficará registrado pra sempre. E vamos nos orgulhar e rir muito quando estivermos bem velhinhos.

A websérie já está no sétimo episódio e faz o maior sucesso tanto entre crianças e adolescentes como adultos. Em dezembro de 2016, *As aventuras de Winnie e Lilly* concorreu como a

PASSEIO EM TOKYO COM O PROGRAMA VIAGEM CULTURAL
TOKYO TOCHO OBSERVATORY

TOUR
NOVO
APTO

1 MILHÃO

PEGA FEIJÃ
COM HASHI

BOUCING
BUBBLE

TRUTH
MATSURA
GAMES

COMO ELE
SABE ?

PEGA
PEIXE

The SIMS

melhor websérie no Rio Webfest, o que, para nós, foi a maior alegria. Saber que conseguimos chegar na casa de várias pessoas e alegrar o dia delas, e concorrer a um prêmio de melhor websérie, foi demais pra nossa cabecinha (hahaha!)! Isso nos alegrou e nos motivou a criar mais ainda pra vocês. Sem dúvidas, é muito gratificante receber esse *feedback* de algo que você faz com tanto carinho.

E a websérie não para por aí, gente!! Logo, novos episódios vão ao ar, e muito suspense e diversão também!!

O nosso segundo canal é o Matsura Vlog, em que compartilhamos um pouco do nosso dia a dia. São vídeos mais simples, que mostram como vivemos, por onde estamos. Se estamos viajando, registramos tudo pra vocês. A galera ama esse canal também!

E temos o canal Matsura Games, no qual gravamos fazendo resenhas de jogos ou jogando vários jogos em família. É um canal bem divertido!!

Se você não é inscrito em todos eles ainda, dê uma pausa no livro rapidinho e corre lá para se inscrever! Assim, você não perde nenhum vídeo. Estamos esperando vocês lá, viu?

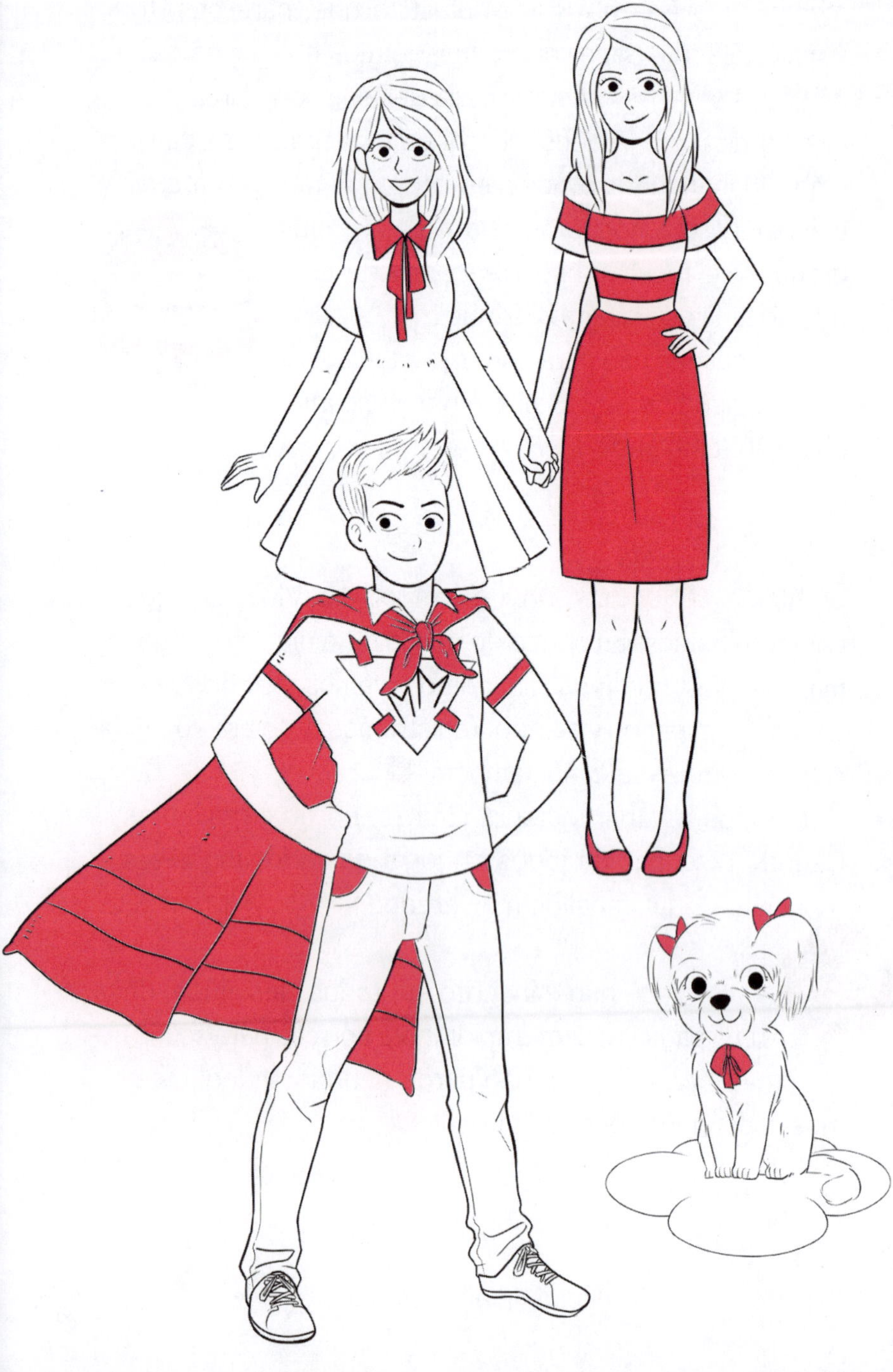

FAMÍLIA MATSURA

Graças a Deus nossa família sempre foi muito extrovertida. Em nosso dia a dia, procuramos ser sempre assim, sempre alegres, positivos; se um está desanimado ou triste, o outro vai lá e anima. Damos muitas risadas juntos, então gravar vídeos com a família completa sempre é muito divertido, e ficamos extremamente felizes quando recebemos um *feedback* positivo de vocês. Isso nos motiva a continuar gravando vídeos sempre, com o melhor conteúdo pra vocês. Durante todo esse tempo de YouTube (três anos), recebemos milhares de mensagens, e muitas delas são extremamente tocantes, como: "Hoje estava triste, desanimada, mas, depois que assisti a um vídeo de vocês, fiquei alegre"; "Estou passando por um momento difícil na minha casa, e os seus vídeos têm me alegrado, me dado força para passar por essa fase".

Além dessas frases, recebemos muitas outras, de fãs falando que se inspiram em nós. Muitos criaram canais inspirados em nós, que realmente fazem parte da Família Matsura, e, acredite, isso é extremamente gratificante. Saber que estamos pertinho de vocês, mesmo do outro lado do mundo, é algo que alegra nossa alma, e somos gratas por tudo. Nunca imaginei que viveríamos isso, mas Deus reserva coisas grandes e lindas que jamais imaginamos.

"Há três anos vocês mudaram a minha vida, e hoje somos todos Matsuras."
Renan Ferreira

"Vocês marcaram muito a minha vida. Vocês têm um cantinho especial no meu coração. Um beijo. Amo muito vocês e sempre amarei..."
Joyce Esmeralda

"Vocês são como uma família para mim; estarão sempre no meu coração. Vocês me incentivaram muito."
Marina – Mundo da Marina

"Quando eu estou triste, vocês alegram a minha vida. Obrigada."
Isabele Aguiar

"Toda vez que sai vídeo novo, meu coração enche de alegria!"
Camile Garcia da Silva

"O mundo é bom, mas ficou melhor ainda quando vocês chegaram."
Isabela Bariani

"Vocês são minha fonte de alegria. Amo vocês!"
Juliana Tuan

"Vocês me fazem acreditar que sonhos são possíveis."
Carla Bela

"Vocês são meus unicórnios, que me trazem alegria."
Leonardo Mello

"Foi Deus quem deu esse dom à Thais e à Thalita de fazerem as pessoas se alegrarem. Amo!!"
Hémilly Keys

"A cada vídeo que vejo de vocês, mais eu me sinto uma Matsura."
Gabriela Cunha

"Thais e Thalita Matsura: dois sorrisos iluminando mais de 1 milhão de corações!"
Larah Bicalho

"Quando caí de paraquedas no canal de vocês foi tipo amor à primeira vista! Me apaixonei pelo canal e hoje sou superfã."
Helena Braz

"Vocês são legais, engraçadas e têm tudo para serem grandes youtubers! Vocês têm um lugar guardadinho no meu coração. <3"
Miss Duda

"Neste mundo onde tudo se resume a internet, consegui encontrar algo muito além de duas youtubers, consegui encontrar uma família que me alegra cada dia mais com seus vídeos."
Sabrine

"Vocês me trazem uma energia maravilhosa em cada vídeo que eu assisto."
Yasmin Dias

"Vocês sempre conseguem arrancar um sorriso do meu rosto."
Helena Pittol Caillot

"Adoro vocês! Este é o melhor canal do mundo. Que este livro seja um sucesso, assim como o canal!!" (Júlia Pereira)

"Amor verdadeiro. A distância nunca vai atrapalhar o meu amor por vocês. Vocês não conseguem imaginar."
Maria Vitória

"Amo mais que chocolate. As melhores youtubers da vida!!"
Júlia Soto

"Thais e Thalita Matsura, vocês são minhas inspirações. Quando vejo seus vídeos, me sinto mais feliz!! Beijos
Marina

"Sobre o canal de vocês? Melhor que Nutella!"
Júlia Ferreira

"Parabéns por serem essas pessoas maravilhosas que vocês são."
Júlia Viana

"Todas as vezes que assisto seus vídeos, me sinto como se estivesse com vocês. Amo vocês <3"
Giovanna Nicanor

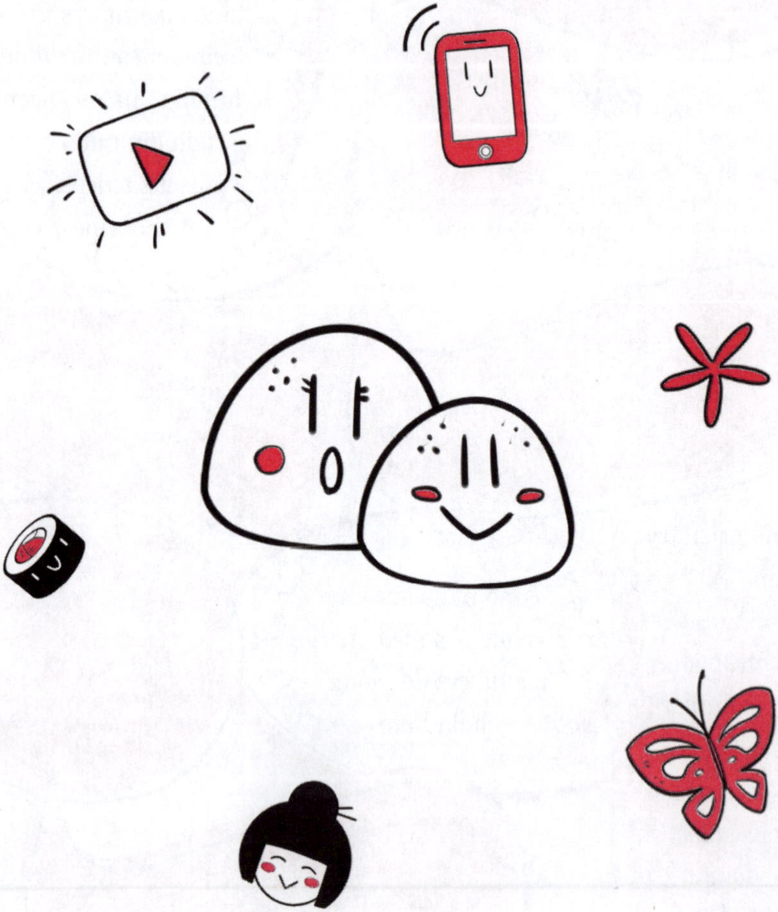

A IMPORTÂNCIA DO CANAL

Hoje em dia, é cada vez mais comum ouvir que muitos desejam ser grandes youtubers, mas ainda há pessoas que perguntam: "Com o que você trabalha mesmo?". (hahaha!)

Há pessoas que não acreditam que um "simples" canal possa dar dinheiro, e até mesmo sustentar uma pessoa, mas é aí que elas se enganam. Hoje os youtubers têm um poder muito grande na internet, são influenciadores digitais, e cada vez mais empresas e grandes marcas estão investindo em quem? Sim, em youtubers.

Nunca, mas nem em sonho, pensei que um dia nosso sobrenome, MATSURA, se tornaria uma marca, e seria muito reconhecido na internet. Às vezes paro e olho pra tudo isso que vem acontecendo na nossa vida e penso: *Meu Deus, isso é verdade mesmo?* (hahaha!) Pensar que um *hobby* virou nosso trabalho é muito incrível. Sou extremamente grata a Deus por todas as oportunidades que estão surgindo.

Hoje temos três canais, todos com um número muito grande de inscritos, e crescendo sem parar. Isso cada vez mostra que sim, valeu a pena acreditar, valeu a pena nos esforçar, sermos determinadas, porque hoje vemos os frutos de tudo isso. Nossa renda dos três canais é significativa, e também fazemos diversas publicidades. A cada dia vamos aprendendo um pouco mais e crescendo profissionalmente também.

E sabe o que é mais gostoso? Trabalhar em algo que você gosta. Quando amamos aquilo que fazemos, não se torna trabalho. É incrível esse contato, esse carinho que recebemos de todos vocês, mesmo a gente estando do outro lado do mundo, sim, bem longe do Brasil. E o Brasil não saiu de nós! Conseguimos conquistar um público lindo que hoje chamamos de Família Matsura. Mensagens cheias de carinho, e-mails com desabafos de fãs e cada comentário que a gente lê nos faz sentir que não estamos no Japão, e sim no Brasil, pertinho de vocês.

Eu acredito que neste mundo todos nós temos uma missão, e no momento certo cada um irá descobrir por que está aqui. Hoje vejo que Deus nos colocou neste mundo pra levar alegria a cada um de vocês, e é isso que fazemos. Pedimos a Deus que todos os vídeos que gravamos, sempre e em primeiro lugar, entrem na vida de cada pessoa como uma injeção de ânimo, alegria, paz e amor. Gravamos com muito amor e carinho e queremos que vocês recebam e sintam esse carinho. Sentimos que estamos no caminho certo, cumprindo a missão que Deus nos entregou. Somos gratas por tudo isso.

Uma das perguntas mais frequentes que recebemos é: "Thais e Thalita, quando vocês pretendem voltar a morar no Brasil?". Nós acreditamos, com muita fé, que em breve retornaremos ao Brasil pra ficar cada vez mais perto da nossa grande Família Matsura, e poder encontrar e abraçar todos vocês. A distância hoje impede de estar perto de vocês, mas acreditamos que logo estaremos beeeeem pertinho.

Pausa para o DESAFIO MATSURA!

Vocês sabem que são da nossa família, e como uma família de verdade é bem sintonizada, criamos o quiz Matsura de Plantão para ver quem é um verdadeiro Matsura! Circule as respostas corretas, confira as resposta no final do livro e compartilhe o resultado do teste conosco nas redes sociais com a hashtag #MatsurasDePlantão!

1) Em *As aventuras de Winnie e Lilly*, qual é o nome do personagem que adora comer rosquinhas?
    a) Winnie
    b) Lilly
    c) Fada Tuts-Tuts
    d) Gênio gordo

2) Qual é o salgadinho preferido da Thais?
    a) Cebolitos
    b) Doritos
    c) Fandangos
    d) Cheetos

3) Qual é o doce preferido da Thalita?
    a) Doce de leite
    b) Nutella
    c) Cocada
    d) Paçoca

4) Qual é o nome do primeiro namorado da Yuki no Brasil?
    a) Chico
    b) Chapolin
    c) Tum-elho
    d) Yuji

5) Qual é o nome do Mr. Matsura?
   a) Paulo
   b) Michel
   c) Edvaldo
   d) Alexandre

6) Qual é o significado da palavra kawai?
   a) azedo
   b) feio
   c) fofinho
   d) legal

7) Qual é a cafeteria favorita das Matsuras?
   a) Doutor Coffee
   b) Starbucks
   c) Choco cro
   d) Tullys coffee

8) Qual é a estação do ano preferida das Matsura?
   a) Primavera
   b) Verão
   c) Outono
   d) Inverno

9) Onde foi o primeiro encontrinho de fãs no Brasil?
   a) São Paulo
   b) Sorocaba
   c) Rio de Janeiro
   d) Itapetininga

10) Esta é a última pergunta e é bem difícil: qual é o kanji do sobrenome Matsura?
   a) 松浦
   b) 松本
   c) 松田
   d) 松村

パン王国
THE KINGDOM OF SPECIAL BREAD
なたの街でも
焼きたてを♪

DESAFIO DA TORRE SALGADA

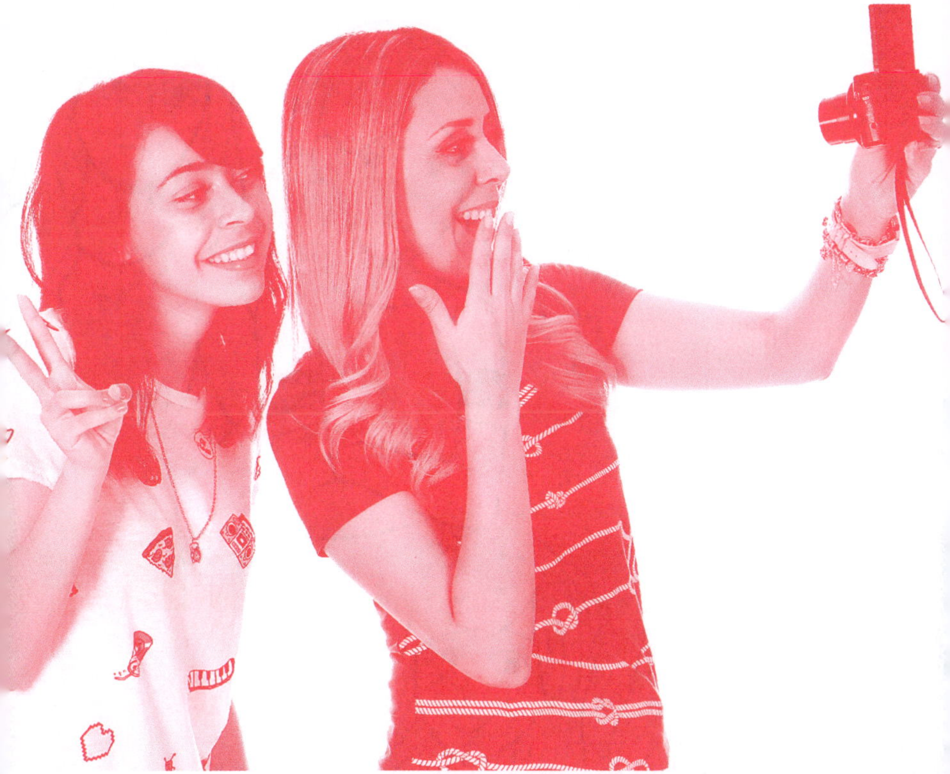

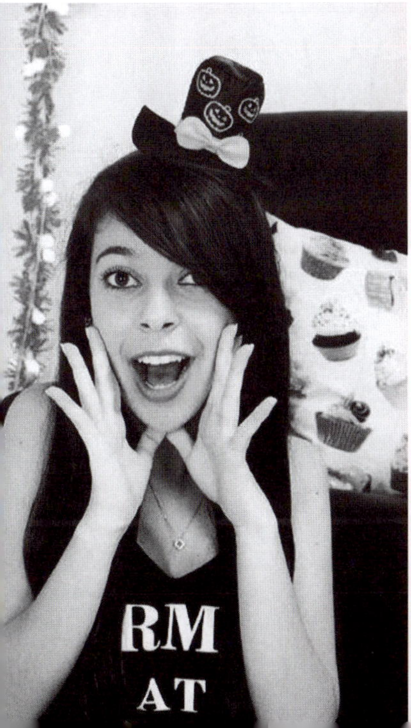

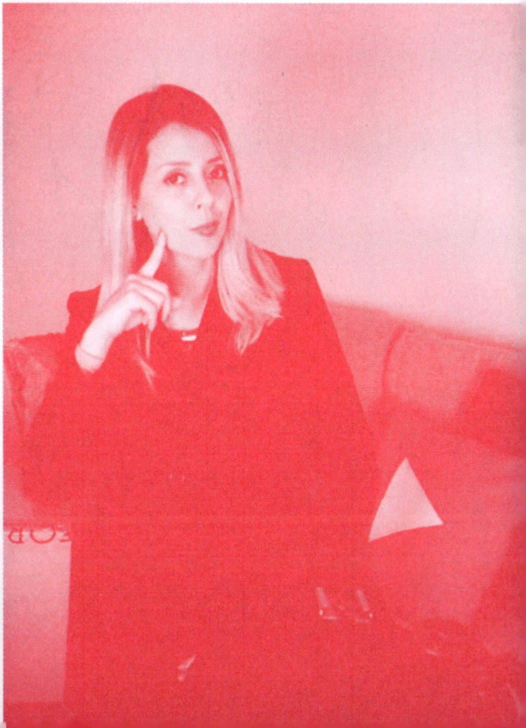

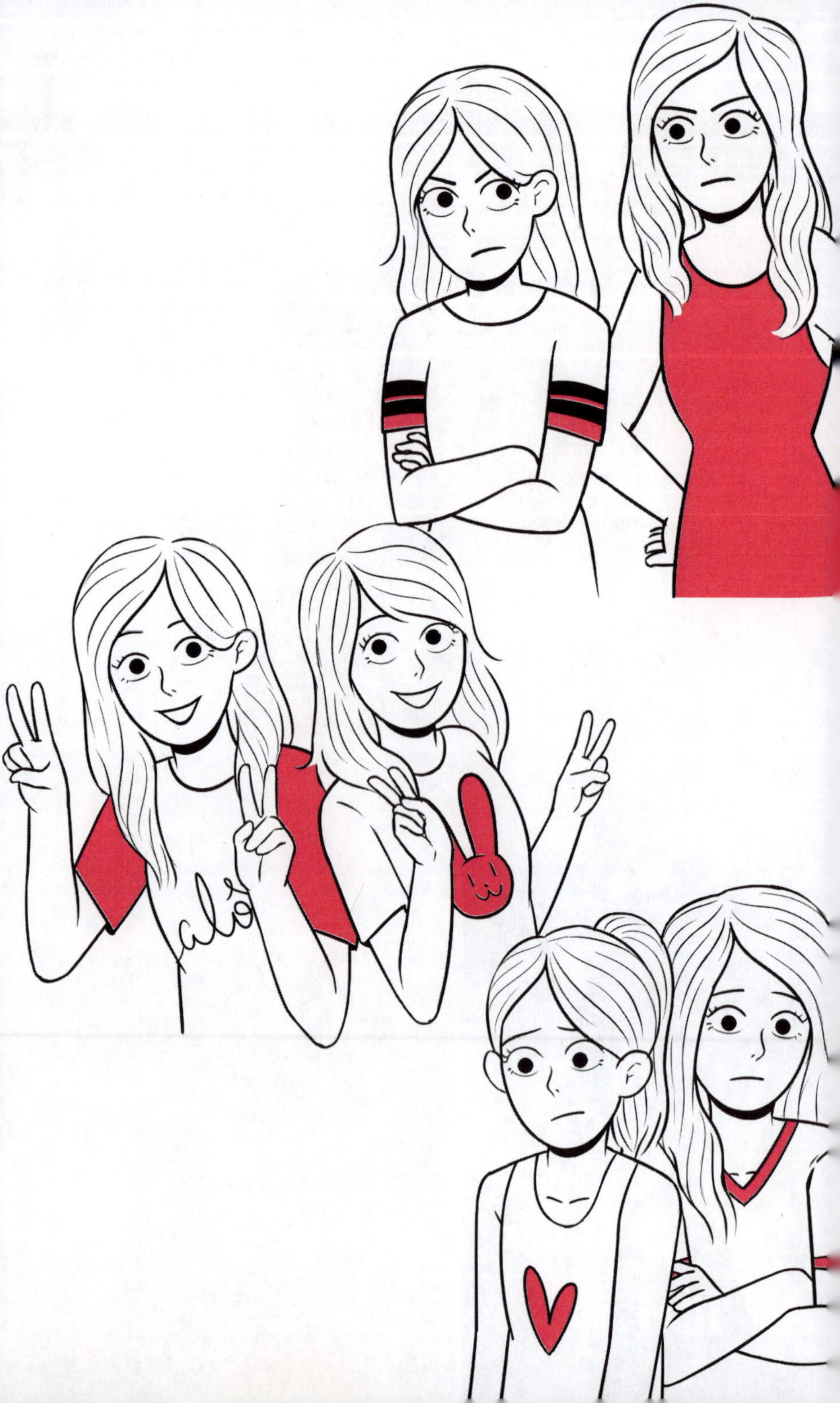
alô

Entre MÃE e FILHA

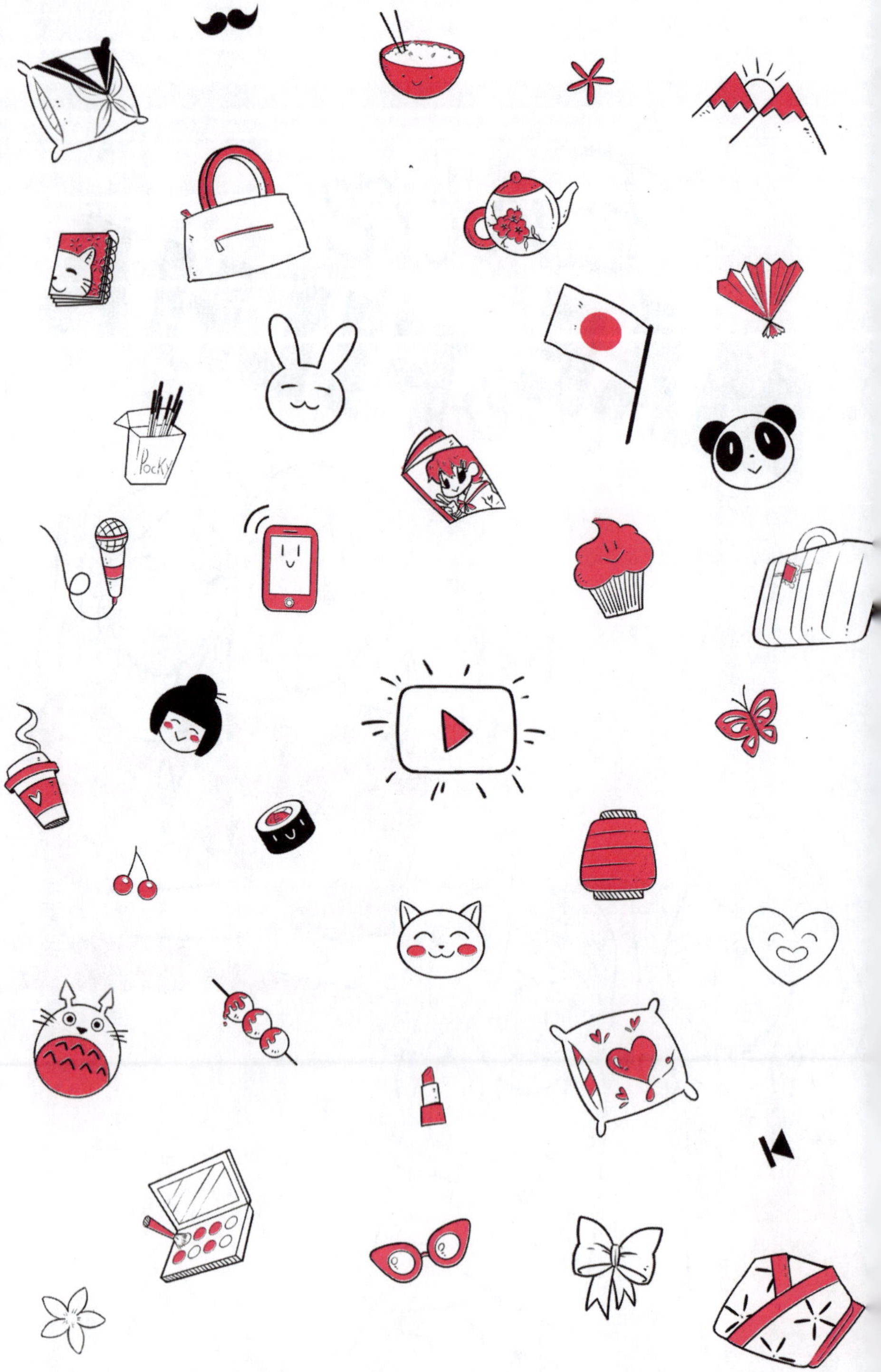
Pocky

"Como é ser uma mãe jovem, Thais?" "Como é ter uma mãe jovem, Thalita?" Essas são algumas das perguntas que mais recebemos.

Como eu fui mãe muito jovem, muitos acabam ficando em dúvida se somos irmãs, primas ou amigas, pelo fato de gravarmos vídeos juntas e de o nosso conteúdo ser de entretenimento. Até mesmo quando estamos na rua ou em lojas as pessoas falam: "Vocês são mãe e filha? Sério!? Vocês parecem irmãs".

No nosso dia a dia, geralmente fazemos quase tudo juntas: tarefas da casa, passeios, compras no supermercado. Somos bem unidas.

Quando a Thalita era pequena, por volta dos 4 aninhos, toda vez que eu saía para fazer algo, ela ficava o tempo todo perguntando: "Que horas minha mãe volta? Que horas minha mãe vai chegar?". Ela repetia isso umas cinquenta vezes, até eu chegar, porque na verdade ela queria sempre sair comigo! (hahaha!) Thalita já adorava passear desde pequena e era um grude comigo. Até nos dias de hoje ela continua assim, uma filha chicletinho que eu amo muito. Até mesmo pra tomar café da tarde ou da noite (siiiiiim, nós temos o hábito de fazer um cafezinho da noite, hehehe). Geralmente, aonde eu vou ela vai, e vice-versa. Nossa união vai além de mãe e filha. Somos amigas, parceiras, tiramos sarro uma da outra, brincamos, nos aconselhamos, nos animamos quando estamos tristes e também brigamos. Sim, claro, hahaha, como toda mãe e filha têm suas brigas, nós também temos de vez em quando, mas o fato é que nos damos muito bem. Esse elo que temos é algo que Deus colocou na nossa vida desde o dia em que a Thalita nasceu.

"Mas e aí? Quem é a mais calma e a mais estressada?
Sem dúvida alguma, minha mãe é mais estressada! (kkkkkkk!) Ela gosta de ver a casa limpa e organizada, porque ela é superorganizada desde pequena. Eu sou supercalma, gosto também das coisas arrumadinhas, não curto uma casa bagunçada não, mas tem

horas que minha mãe dá uns gritos, tipo: "Vamosssss, Thalita! Já lavou a louça? Já arrumou o seu quarto? Já fez a lição?". E eu respondo com a famosa frase que todas as meninas na maioria das vezes responde: "Já vou, mãe!"! #QuemNunca? (hahaha!)

A Thalita é bem calma, o que por um lado é bom, mas às vezes precisamos ser mais agitadas na vida, até porque nada cai do céu, não é mesmo? Toda hora estou lá falando: "*Bora*, Thalita. *Boraaaaaaa*". (hahaha!) Enquanto eu sou ligada nos 220, digamos que a Thalita seja ligada nos 110. Pra vocês verem que temos nossas diferenças, mas ainda continuamos boas amigas.

A gente se diverte pra caramba, assistimos aos nossos seriados juntas, acompanhadas de um bom café, claro. Ahhh, e nunca esqueça o brinde, viu? Entendedores entenderão (quem assiste ao Matsura Vlog vai entender, hahaha). Mesmo uma sendo diferente da outra, nos damos muito bem, e acredito que seja por isso que temos essa energia boa. Uma equilibra a outra. Enquanto uma está triste, a outra vai lá e alegra;

enquanto uma está demorando pra fazer algo, a outra vai lá e chama a atenção; enquanto uma está desanimada, a outra da ânimo, força.

Acreditamos que temos que ter sempre um amigo com quem possamos contar, que esteja ao nosso lado para o que der e vier – não somente para os dias bons, mas para os dias ruins e dificeis –, pois a vida é assim, uma montanha-russa. Há momentos em que precisamos ser sinceros. Mesmo que essa sinceridade doa, precisamos falar a verdade. Um verdadeiro amigo sempre vai dizer a verdade. Muitas vezes pode doer, mas ele vai falar, e sabe por quê? Porque ele te ama e quer o melhor para você.

Como mãe e filha, procuramos viver dessa maneira. Quando eu vejo que algo não é bom pra Thalita, ou alguém fazendo algo ruim pra ela, sentamos todos juntos, eu e o Mr. Matsura (pai), e conversamos com ela, pois sempre queremos o melhor pra ela. E nada me faz mais feliz do que ver a alegria, a felicidade na vida da Thalita.

Eu também faço o mesmo. Quando vejo a minha mãe triste por algo que aconteceu ou não deu certo, sempre tento animar ela, e costumo dizer: "Se não deu certo agora, mãe, é porque não era pra ser. Coisas melhores virão, acredite!!".

Então fica aqui um conselho: ame mais, cuide mais, converse mais; faça uma surpresa para o seu pai, mãe, filhos, demonstre o carinho e o amor que você tem por eles; seja criativo. Tenho certeza de que dentro dessa cabecinha há milhões de ideias geniais para surpreender quem você ama. :)

Tire alguns minutinhos da sua vida pra perguntar como foi o dia dos seus pais, ou dos seus filhos, se eles estão bem, se têm alguma novidade. Isso que estamos falando é algo que fazemos sempre. Temos o hábito de perguntar: "Como foi o seu dia? Alguma novidade? Você está bem?". São perguntas tão pequenas, mas que fazem a pessoa ao lado se sentir amada e querida.

Faça um mimo pra quem você ama. Isso não tem preço, e tenho certeza de que o relacionamento de mãe e filha(o)/pai e filha(o)/avós e Netos cada vez será mais forte e duradouro. Enquanto você tem a pessoa por perto, cuide dela e a ame. Não deixe pra amanhã o que você pode fazer hoje. 😜

Ahhhh! E não se esqueça de sempre dizer: "EU TE AMO MUITOOOO!!". Essa frase faz parte do nosso dia a dia. Antes de dormir ou sair de casa, dizemos: "Eu te amo". Isso faz tãaaao bem. Não tenha vergonha de dizer "eu te amo" pra quem você ama. Garanto que sua família vai gostar e se sentir bem.

#AMEMAIS #CUIDEMAIS

Pausa para o DESAFIO MATSURA!

Oi, pessoal! Vocês viram que eu me divirto muito com a minha mãe. Então agora que falamos um pouco sobre a nossa relação, eu trago algumas dicas de desafios superdivertidos para você fazer com sua mãe e outras pessoas da sua família e se divertirem bastante juntos.

Primeiro Desafio

Vamos começar com um desafio que não poderia faltar: o desafio <u>CHUBBY BUNNY</u>! (hahaha) Quem acompanha o canal desde o começo já sabe que esse foi um dos primeiros desafios que gravamos para o canal. Chubby bunny em inglês é coelho bochechudo (gordo), pois você fica parecendo um coelhinho fofinho com as bochechas cheias! (hahaha). O desafio é superdivertido e você vai precisar apenas de marshmallow (huuummm, divertido e gostoso!).

<u>Como funciona</u>? Você vai colocar um marshmallow na boca e dizer "chubby bunny", em seguida, sua mãe (e/ou outras pessoas que participarem) faz a mesma coisa, e vai repetindo a rodada, um de cada vez, sem engolir o marshmalloow.

Parece fácil, não é? Mas, vai ficando cada vez mais difícil porque você vai ter que colocar mais marshmallows na boca e dizer "chubby bunny" até não conseguir mais falar. A pessoa que colocar mais marshmallows na boca vence!!

Dê uma espiadinha no nosso vídeo! Gravamos o desafio em 2013 (faz um tempinho já, então não reparem, hahaha). Até hoje nos divertimos quando lembramos.

Se você quiser, ainda pode gravar a brincadeira e postar com a hashtag #DesafioMatsura para nós nos divertimos com vocês!

Acesse

Pausa para o DESAFIO MATSURA!

Segundo Desafio

Este desafio foi uma ideia que o meu pai, o Mr. Matsura, teve, e é um dos vídeos mais pedidos no nosso canal, porque a galera adora e morre de rir. O desafio é: SE RIR, COMA!

Preparo: procure três vídeos na internet, muito engraçados mesmo, que você saiba que sua mãe vai morrer de rir, e peça para que ela faça o mesmo: escolha três vídeos engraçados para você rir.

O segundo passo é vocês escolherem algo bem ruim para comer, por exemplo sorvete com pimenta, chupar limão etc...

Como funciona? Primeiro vocês definem quem começa a brincadeira, podem definir jogando "par ou ímpar" ou "pedra, papel e tesoura", quem perder começa assistindo ao vídeo. O desafio é não rir, quem rir terá que comer o que vocês escolheram. E assim vão jogando um de cada vez, até acabarem os vídeos. Vocês podem fazer várias rodadas!

Quem me conhece um pouquinho já sabe que tenho o riso frouxo, dou risada o dia inteiro, mas com este desafio não tem como não rir. Todo mundo se diverte com os vídeos e com o jogo, vendo o outro cumprir o desafio. A família toda pode jogar; é megadivertido!!

Já vai selecionando uns vídeos divertidos aí e faça o desafio! Confesso que minha mãe sempre ganha, e mesmo assim, eu me divirto muito. Eu tento ao máximo não rir, mas é quase impossível! Vamos ver você se vai conseguir ficar sem rir! Boa sorte!!

Ah! Uma coisa legal desse desafio no nosso canal é que ele virou um quadro e tem a participação dos seguidores, enviando vídeos engraçados e escolhendo o que vamos ter que comer no próximo vídeo. Dê uma olhada lá para se divertir conosco, se inspirar e participar!!

E se você tem outras ideias de desafios, aproveite! Essas foram só umas ideias, o importante é você aproveitar cada minuto ao lado da sua família, das pessoas que você ama e que amam você!

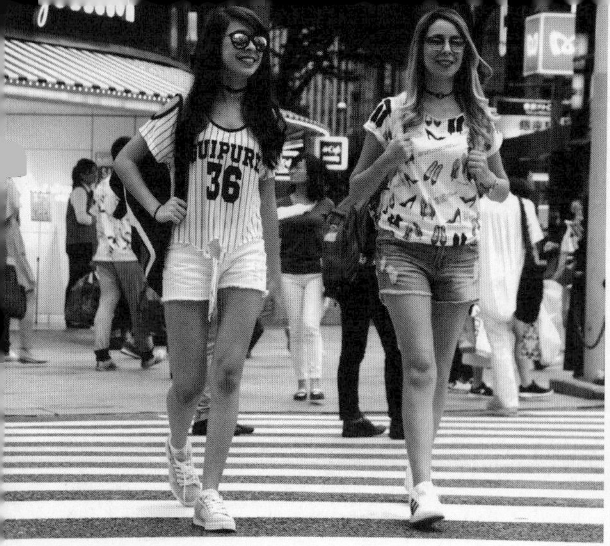
36

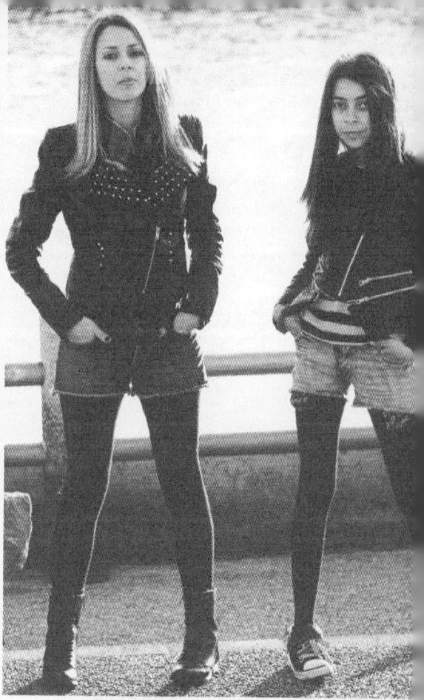

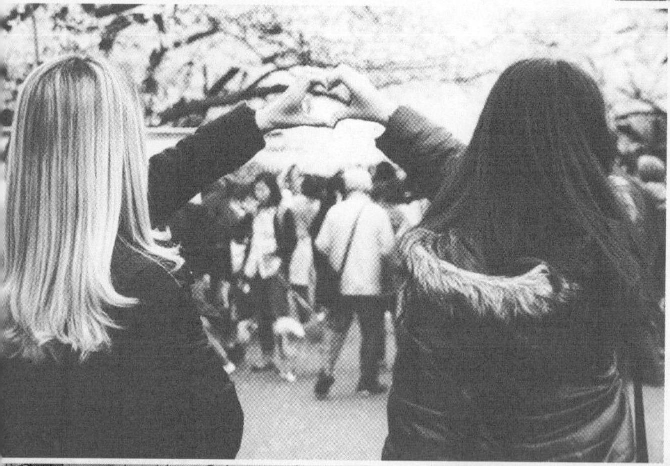

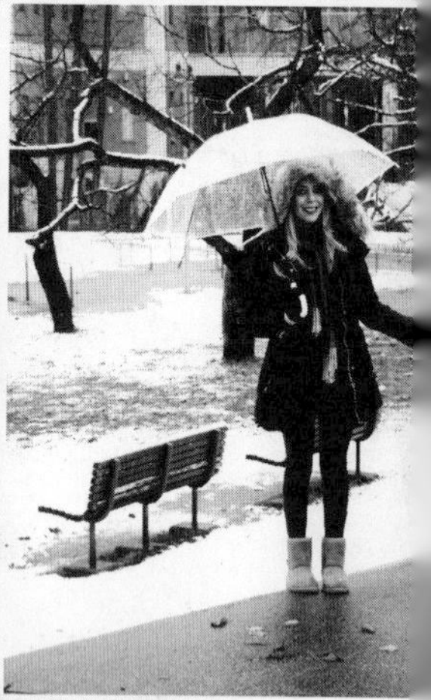

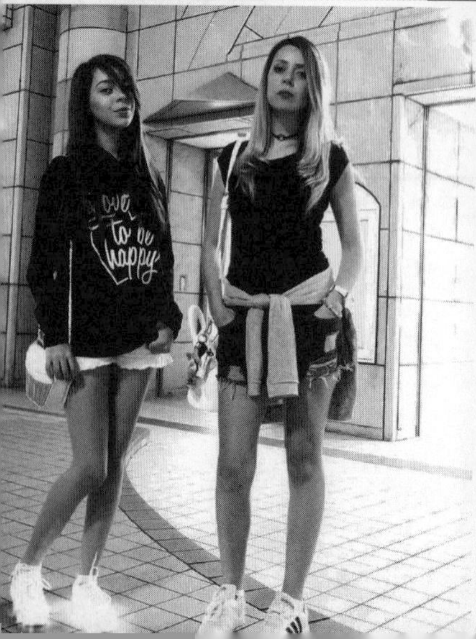
to be happy

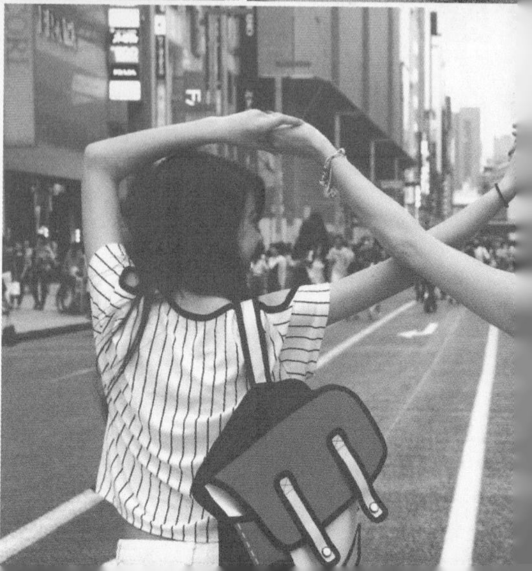

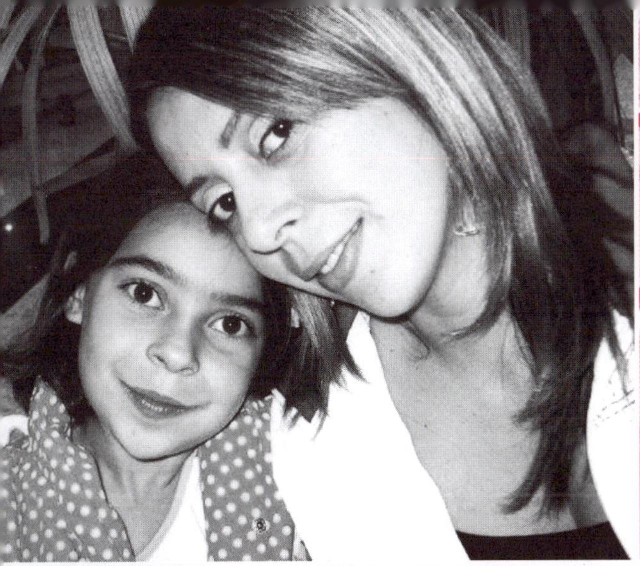
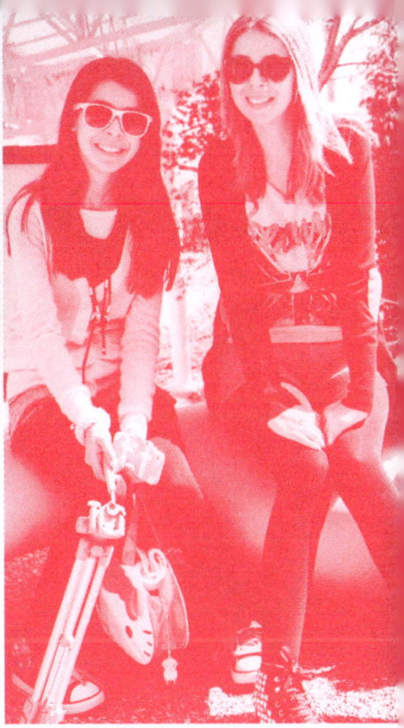
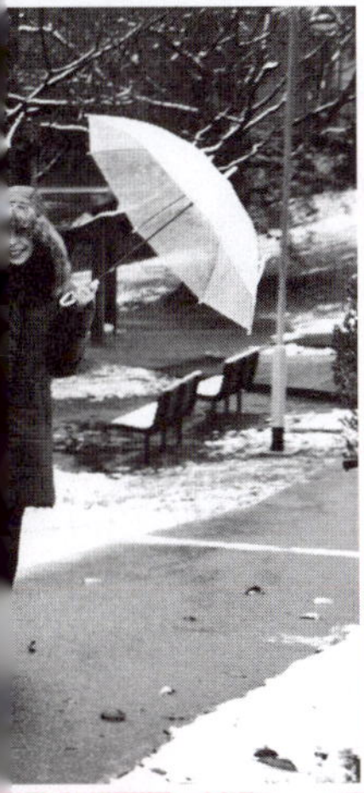
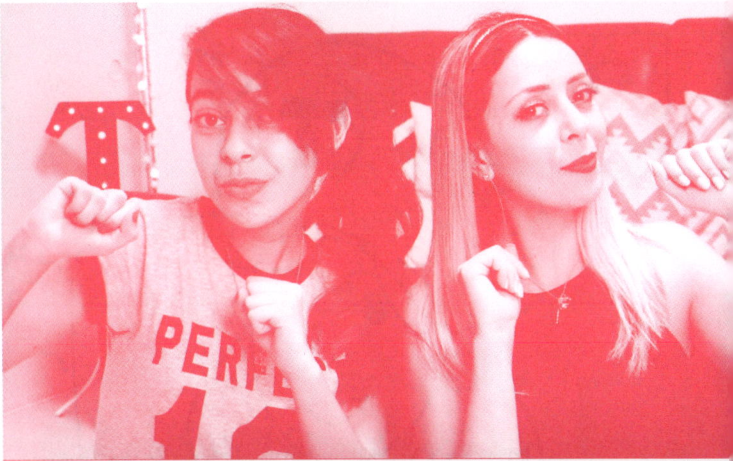
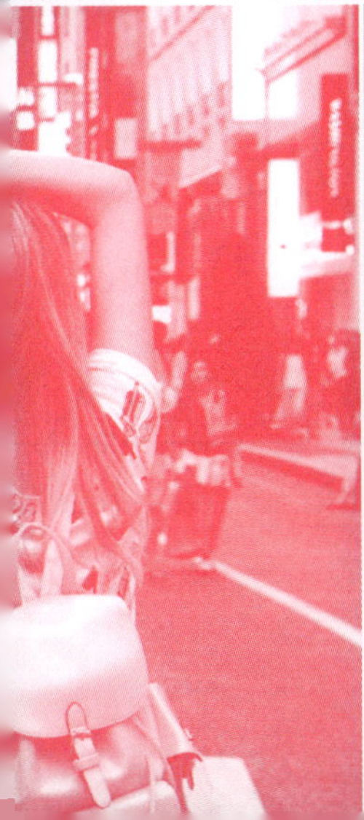
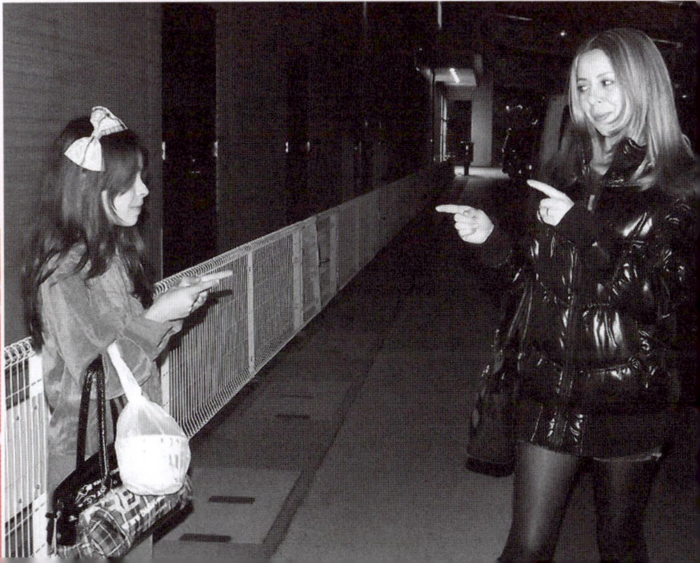

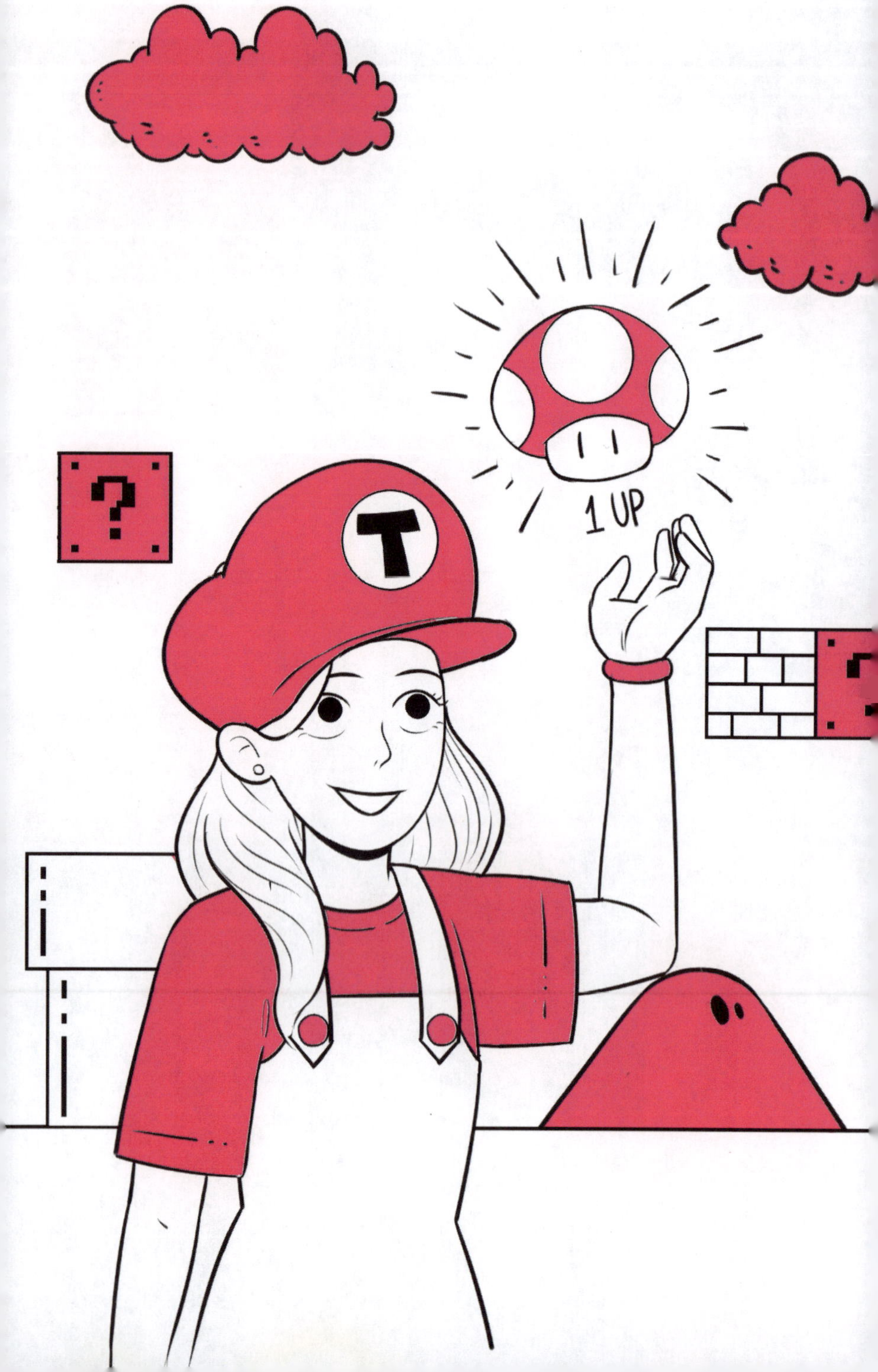
1 UP

Planos, metas e SONHOS

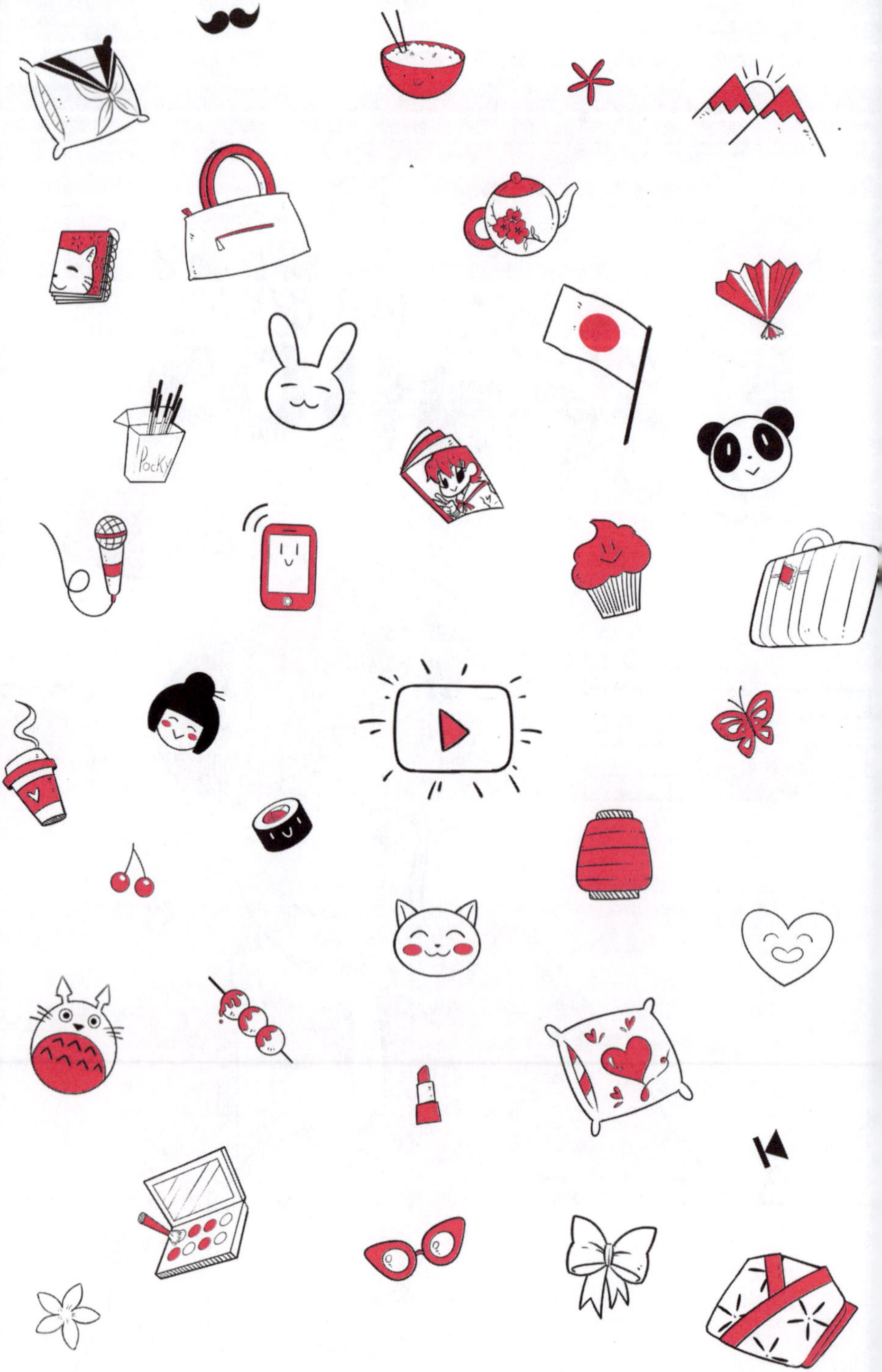
Pocky

Sonhar sempre, desistir nunca. Quem nos acompanha há bastante tempo sabe o quanto acreditamos nos sonhos, e como vale a pena sonhar, acreditar e batalhar por eles.

No início de todo ano, tenho o costume de anotar na minha agenda todas as metas e os sonhos que gostaria de realizar durante os 365 dias. Sempre pratiquei isso e, claro, também incentivei a Thalita a fazer o mesmo: anotar todos os sonhos e objetivos dela, desde os menores e simples até os maiores e talvez impossíveis aos nossos olhos.

Quando anotamos uma meta ou um sonho, e criamos o hábito de sempre olhar aquela anotação, seja uma vez por semana ou uma vez por mês, fortalecemos em nossa mente e em nosso coração que desejamos aquela conquista. Quando deixamos de lado, o que acontece? Acabamos esquecendo e às vezes desistindo completamente sem ao menos lutar. Todos temos compromissos e dias bem corridos, seja com a escola, com o trabalho, com a família etc. Isso pode favorecer no esquecimento de muitos sonhos e metas. Mas quero dizer algo muito importante: jamais desista de nenhum sonho. Por mais simples ou impossível que ele seja, acredite sempre.

Quando você coloca a sua fé em ação e concentra todo o seu pensamento positivo, não tem como não acontecer. O que muitas vezes ocorre é que desanimamos ao longo da nossa caminhada; ou, às vezes, algumas pessoas próximas acabam rindo dos nossos sonhos e com isso os enterramos sem ao menos lutar.

Mas as coisas não precisam ser assim, não é? Se você tiver fé, for positivo e correr atrás, acredite, pois na hora certa tudo vai acontecer, e será até melhor do que você sonhou. Comigo foi assim, e pode ser com você também. Você acredita em si? Você respondeu que sim, né? Ótimo, esse é o primeiro passo. Seja positivo, acorde todos os dias e relembre dos seus sonhos e metas, e fale pra você mesmo: "Vai dar tudo certo. Eu vou realizar meus sonhos. Eu vou conseguir!!". Você pode ter certeza de que o universo vai conspirar ao seu favor. Com fé e determinação vamos longe. Então, nunca desista dos seus sonhos, ok? 😜

Falar de sonhos é tão bom, né? Se deixar, a gente fica o dia todo falando de metas, desafios e sonhos. Isso me faz lembrar de quando começamos a gravar vídeos e o meu sonho era ter 5 mil inscritos. Isso mesmo, 5 mil (hahaha!). Para mim seria tipo: "Uaaaau, que demais!". Afinal, se você reunir 5 mil pessoas em um lugar, é gente pra caramba, né? (rsrsrs). E pra mim era algo tão distante, porque nosso canal tinha apenas 300 e poucos inscritos. É, tá pensando que a gente começou com um canal cheio de inscritos? Na-na-ni-na-não (kkkkkk)! Começamos do zero, como a maioria começa, mas eu nunca deixei de sonhar com os 5 mil inscritos.

E assim foi. Os dias foram se passando, os números foram mudando devagar, mas eu sempre me alegrava.

Aí, um belo dia, opa, opa, opa!! Chegamos a mil inscritos. "Uhurrullll! Agora faltam só 4 mil (hahaha!)! E assim foi, até que um belo dia eu olhei e já havia passado dos 5 mil inscritos. A sensação foi uma das melhores, porque siiiiiim, chegamos aos meus sonhados 5 mil inscritos.

Depois disso, sempre fui aumentando as metas. Mesmo que nós não chegássemos aos números que sonhávamos, o importante era anotar, acreditar e nos esforçar pra acontecer. E, de repente, boooom: somos 100 mil Matsuras. Uhurruwww! Bora comemorar com dancinha e tudo mais (hahaha). E assim foi. Depois de um tempo, chegamos a meio milhão e hoje, com muitaaaaa, mas muitaaaaa alegria mesmo, somos mais de um milhão de Matsuras. Definir uma sensação? Uma das melhores que nós poderíamos sentir. Somos extremamente gratas a Deus e a todos que nos acompanham. Esse sonho realizado não é só nosso, mas de todos que têm carinho por nós e também se consideram um Matsura.

Entre esse sonho há milhares de sonhos que temos. Aliás, nós sonhamos com muitas coisas novas todos os dias; afinal, sonhar não paga nada, não é? E é tão bom! :)

Anote aqui todas as suas metas e sonhos. E lembre-se de pelo menos uma vez por semana, ou a cada quinze dias, no máximo uma vez por mês, abrir esta página e ler todas as suas anotações. Tenho certeza de que em breve você vai conquistar sonho por sonho, e esta lista estará toda riscada, porque você vai conseguir. Eu acredito em você, agora basta você também acreditar, combinado? :)

Mural Dos Sonhos

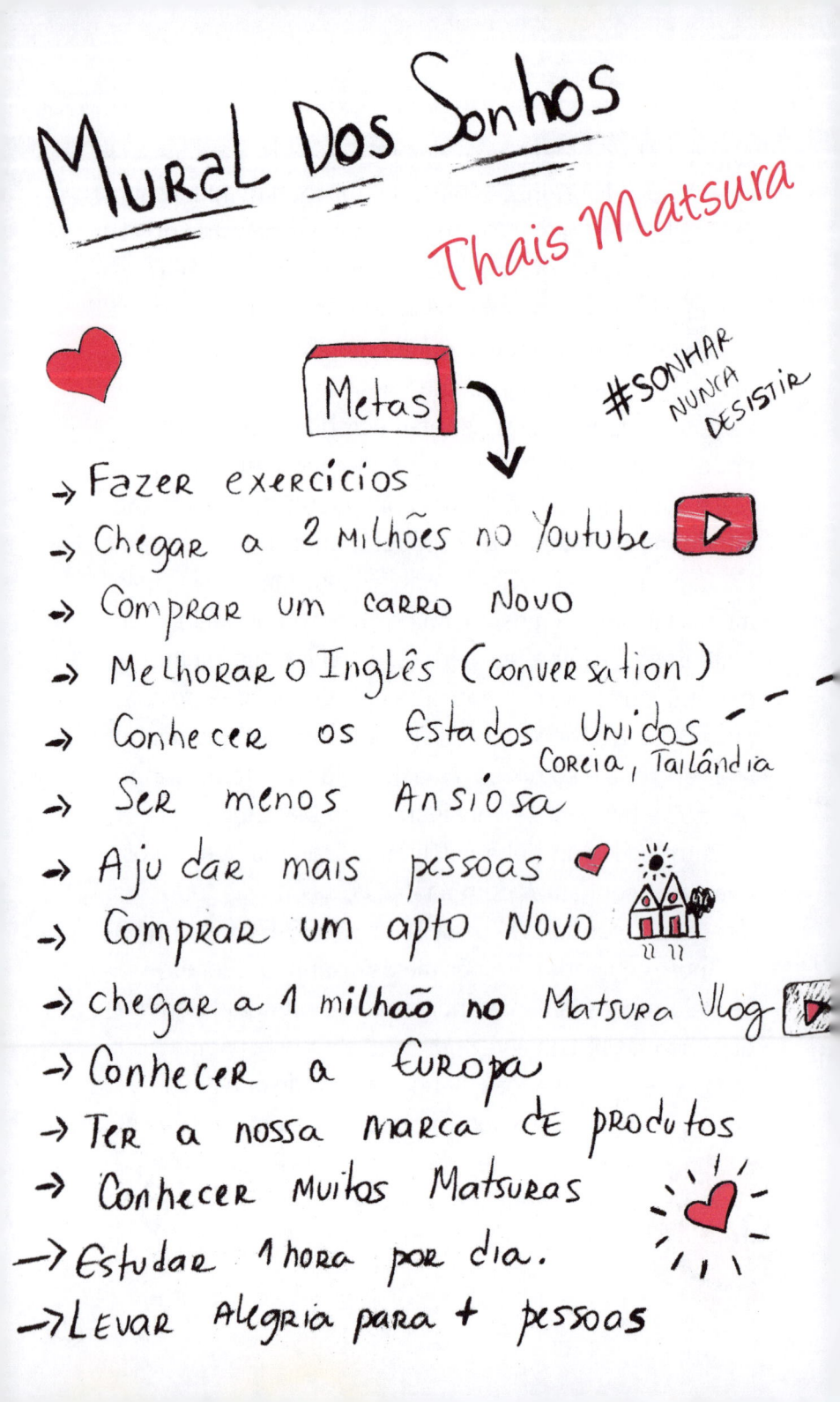

Thais Matsura

Metas

#SONHAR NUNCA DESISTIR

→ Fazer exercícios
→ Chegar a 2 milhões no Youtube
→ Comprar um carro novo
→ Melhorar o Inglês (conversation)
→ Conhecer os Estados Unidos, Coreia, Tailândia
→ Ser menos Ansiosa
→ Ajudar mais pessoas
→ Comprar um apto novo
→ chegar a 1 milhão no Matsura Vlog
→ Conhecer a Europa
→ Ter a nossa marca de produtos
→ Conhecer muitos Matsuras
→ Estudar 1 hora por dia.
→ Levar Alegria para + pessoas

Fazer encontrinhos pelo Brasil e em outros países

#MATSUDATRAVEL

Ser grata todos os dias #gratidão

Fazer Novos Trabalhos e publicidades

Fazer + post no Blog

#FAMÍLIA MATSURA

#MURAL DOS SONHOS ♥

Thalita Matsura

|BENS MATERIAIS|
- Celular novo
- Comprar Apartamento
- Câmera nova
- Comprar Carro novo

|Pessoal ☺|
- Fazer Doação
- Aprender Alemão ♥
- Ser Mais Esforçada
- Melhorar Como pessoa
- Fazer Exercício
- Chegar 2 Milhões

Viagens ♥

- Estados Unidos
- Europa ♥
- Coreia
- Hawaí
- Tailândia
- Vários Estados BR

Mural dos SONHOS

- ★
- ★
- ★
- ★
- ★
- ★
- ★

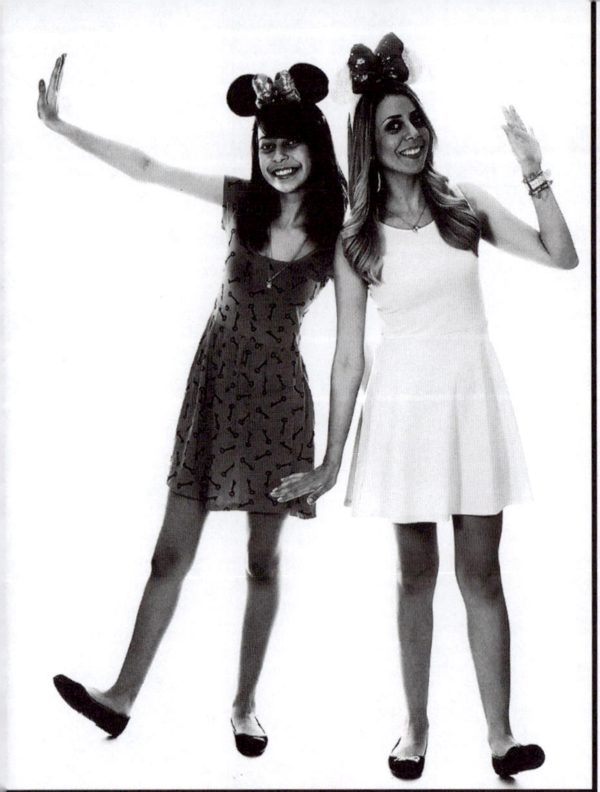

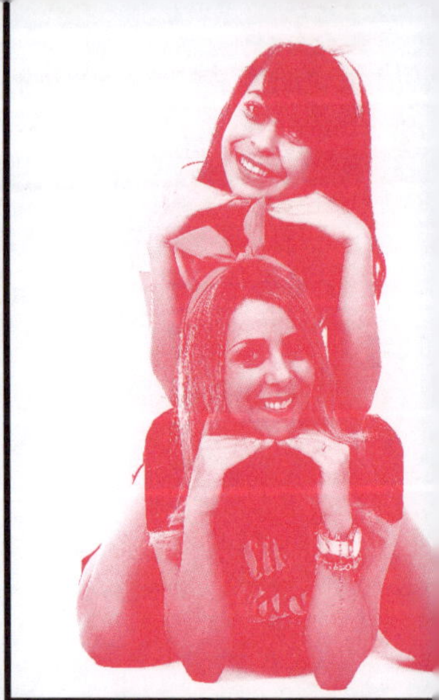

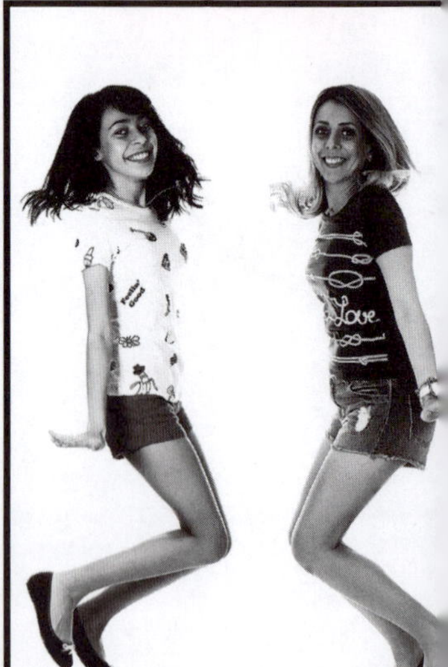
Love

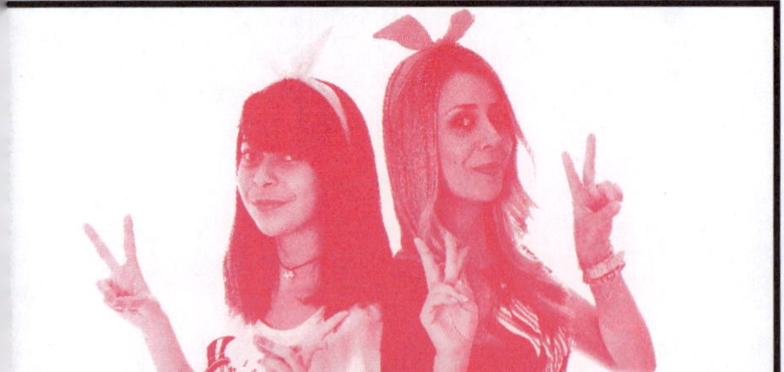

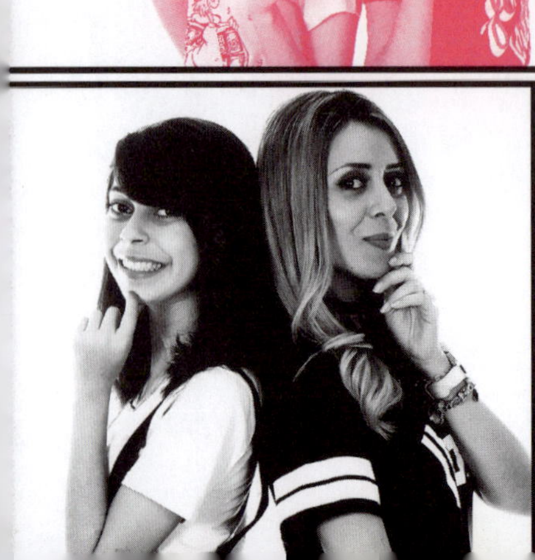

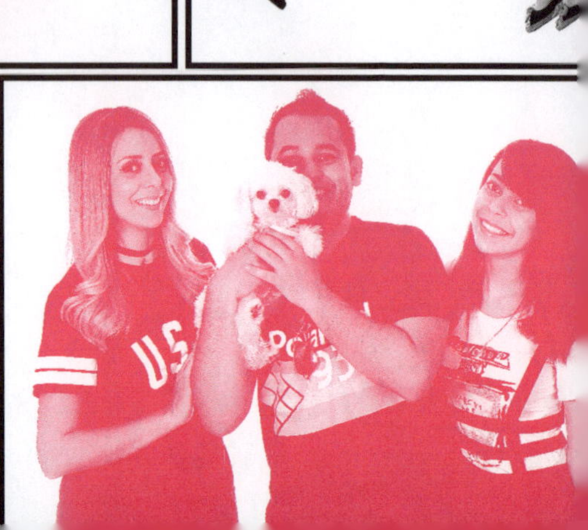
US

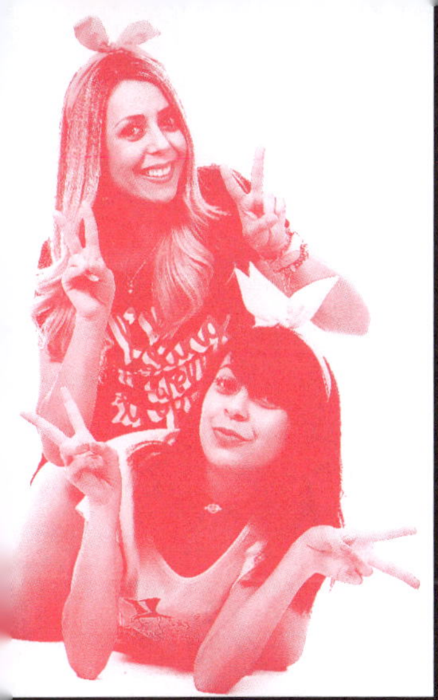

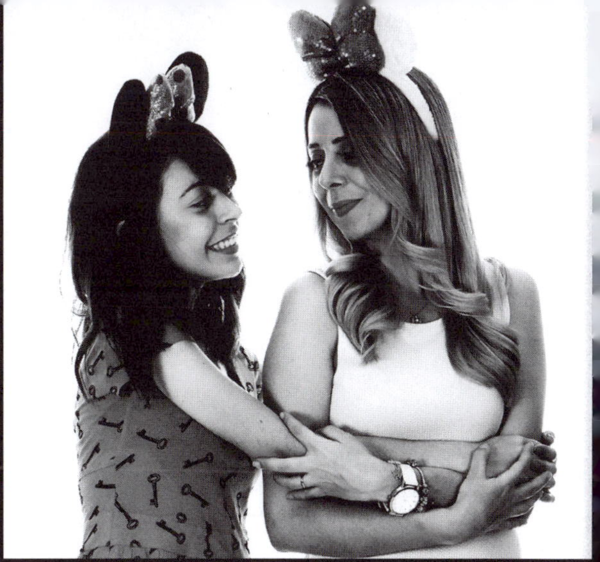

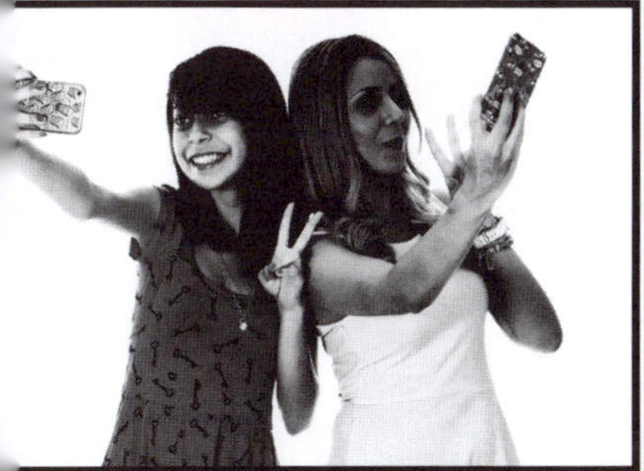

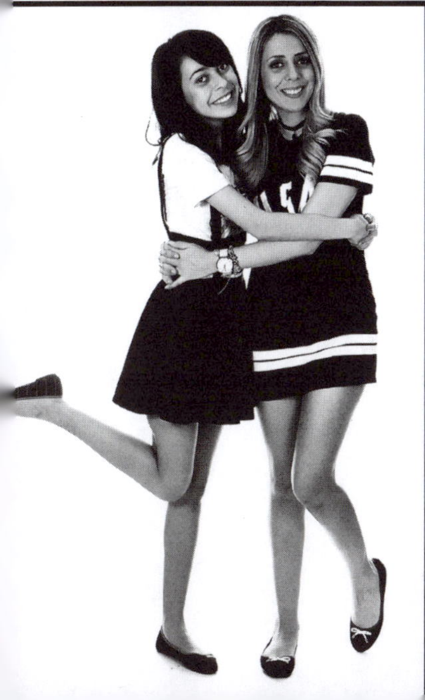

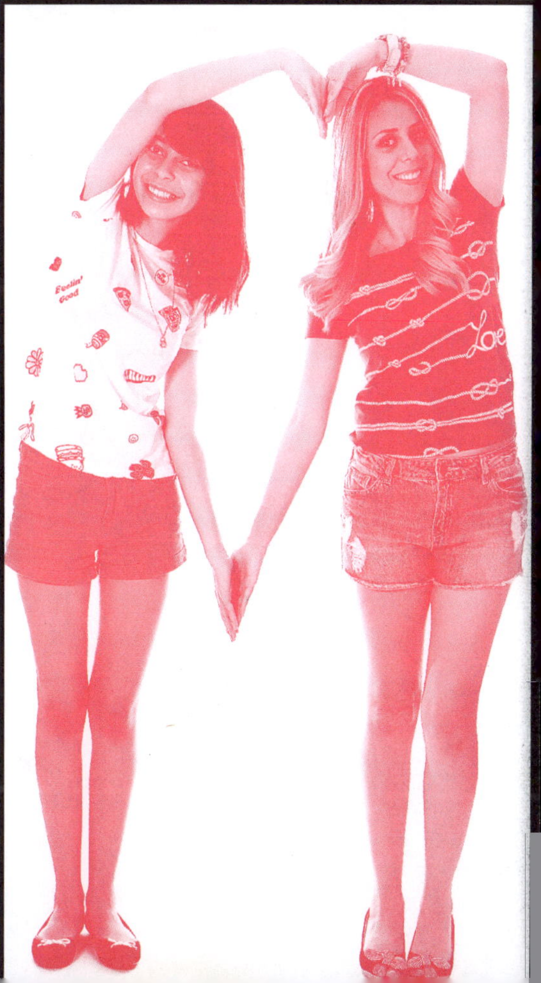

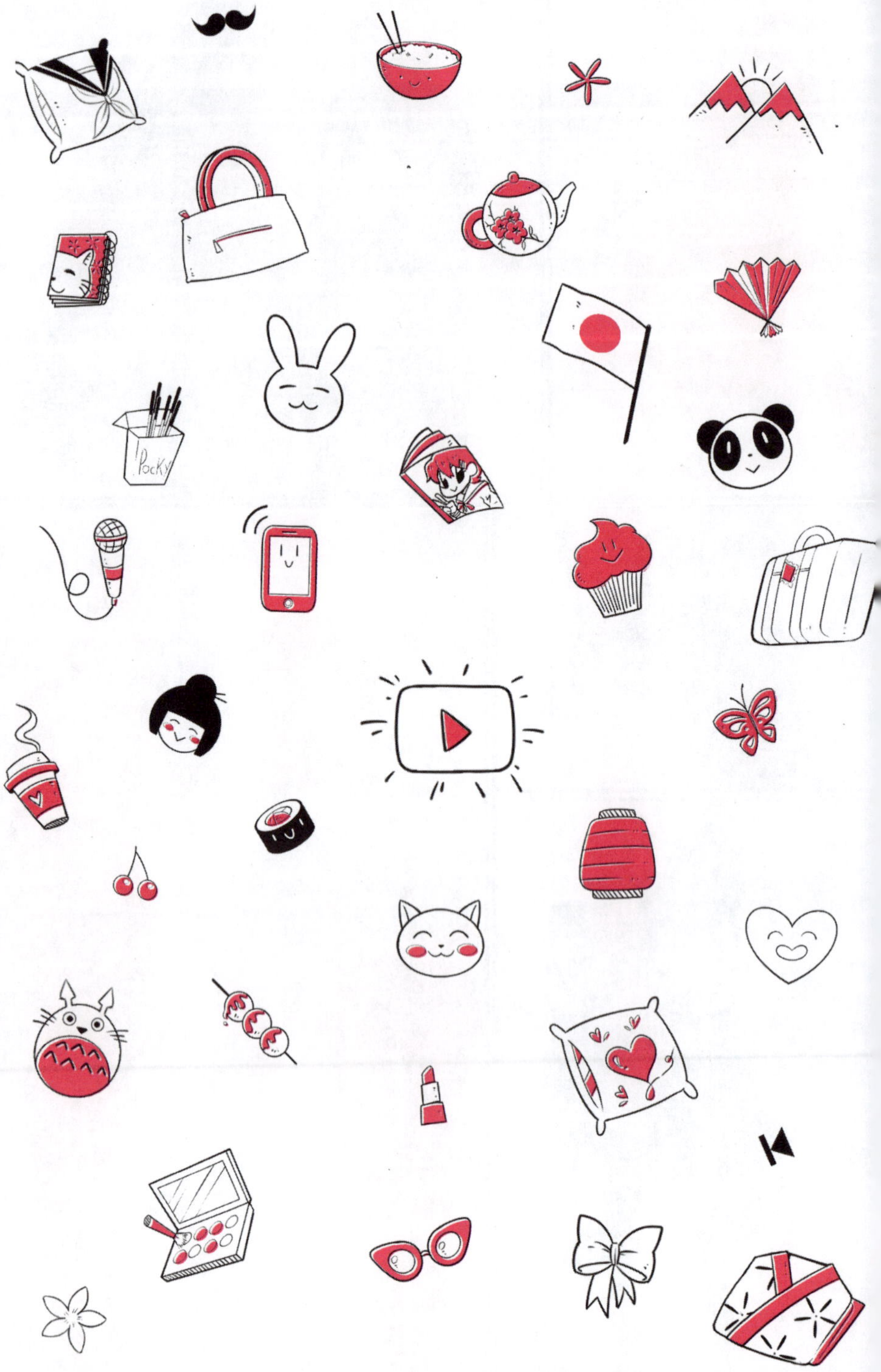
Pocky

Bom, pessoal, espero que tenham gostado, né, Thalita?

Isso mesmo, mamis! Se você gostou dê o seu like, se inscreva no canal para não perder nenhum vídeo e siga a gente nas redes sociais; elas estarão todas aqui embaixo, na descrição do vídeo!

Hummm, espera um pouco, Thalita... Elas estarão onde mesmo? Tem certeza que estarão aqui embaixo?

Como assim, mamis? Sempre colocamos na descrição. Estarão onde? Vai colocar legenda na edição? Ah! Pera! Já sei... é verdade!

Sempre colocamos aqui embaixo, mas estamos no livro, lembra?

Noooossa, é verdade! (hahaha) Que viagem a nossa, hein!? Esquecemos que estamos no livro! (hehehe) Ai, gente, abafa isso, né!?

Bom, gente, então vamos lá de novo, corrigindo... Se você gostou deste livro não esqueça de comentar em todas as redes sociais #LivroThaisEThalita #EntreMãeEFilha #Matsura. Assim a gente poderá curtir a sua foto!!

Então tire uma foto bem legal do livro e compartilhe nas suas redes sociais, mas não se esqueça de colocar todas as hashtags que a mamis falou acima, ok? Combinado? Aiiiiii, estamos ansiosas para ver as fotos de vocês!

Queremos também agradecer muito a todos os Matsuras de plantão, que nos acompanham. Alguns estão com a gente há muuuito tempo, outros são novos aqui, mas vocês já sabem, né? São todos muito bem-vindos à Família Matsura, a família mais divertida, alegre e que não para de crescer na internet, graças a Deus! São quase dois milhões de Matsuras, somando os três canais e isso é demais! Então, arigatoooo por todo o carinho que vocês têm para com a nossa família.

Saibam que vocês são mais que seguidores para nós, vocês são nossos amigos e é por vocês que nos dedicamos sempre a produzir um conteúdo de qualidade, saudável e com coisas boas, porque pensamos sempre em ver um sorriso em cada rosto e um coração cheio de alegria!

Arigatooo a todos que estão com este livro em mãos, que Deus abençoe muito a vida de vocês, seus sonhos, projetos e, lembrem-se: temos um encontro marcado lá no YouTube, ok?

Ahhh, peraí, não gostamos de despedidas... Vamos fazer o seguinte: corram agora lá no YouTube pra ver a gente, estaremos lá esperando vocês com muito carinho e muita diversão também!!

Um superbeijo e a gente se vê em um próximo vídeo, *snap*, post, livro... enfim. De alguma maneira, logo estaremos juntos novamente!! Bye bye!

Tchaaau!!

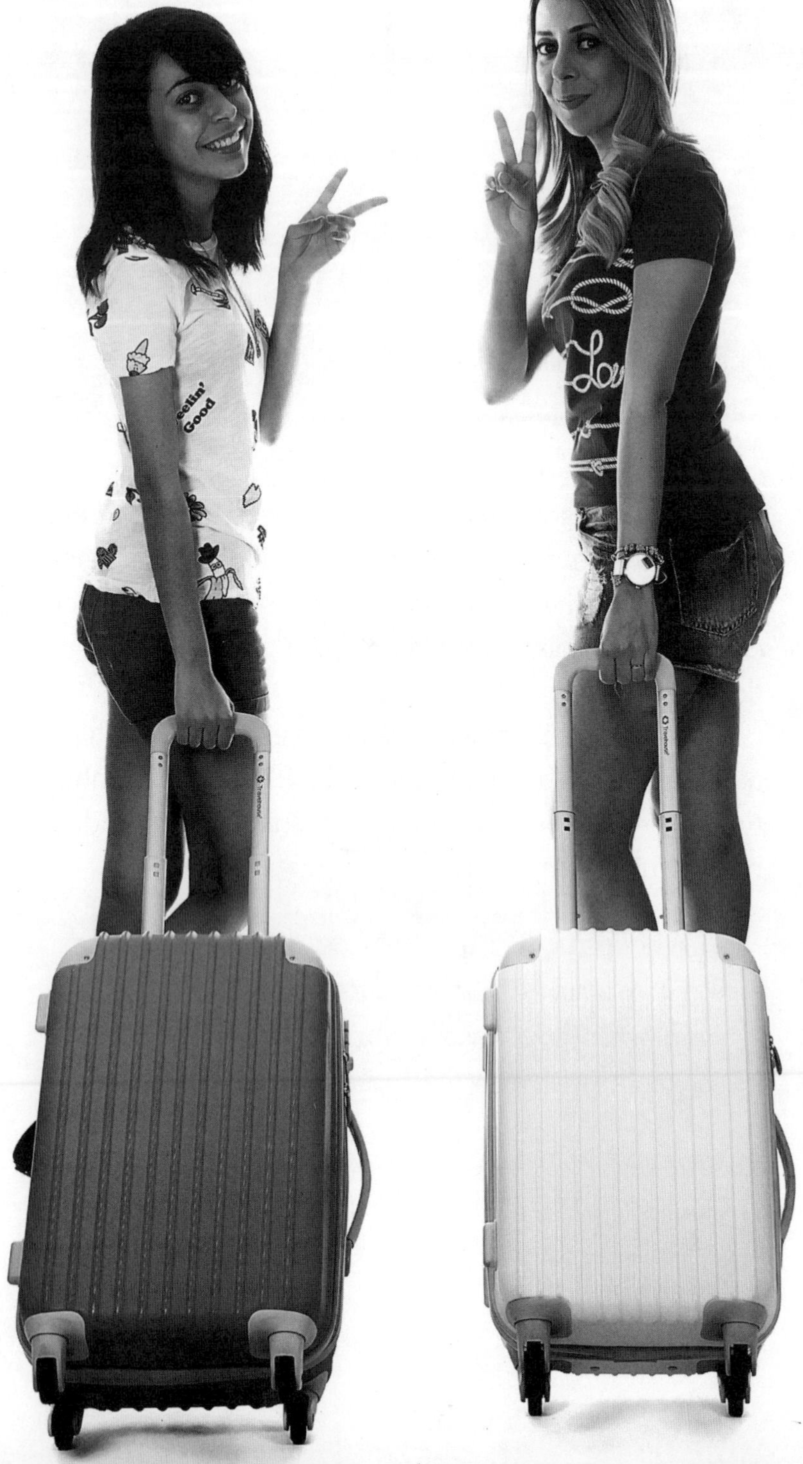

Resultado do DESAFIO MATSURA!

Antes terminar, o resultado do o quiz Matsura de Plantão!

1) d; 2) c; 3) b; 4) d; 5) d; 6) c; 7) b; 8) b; 9) d; 10) a.

- Se você acertou apenas de 1 a 2 perguntas, você deve ser novo na família Matsura, não é? Não se preocupe, logo você estará antenado em tudo!!
- Se você acertou até 3 perguntas, você está começando a conhecer a Família Matsura;
- Se você acertou até 6 perguntas, *opa!*, você anda ligadinho nos canais, hein!?
- Se você acertou até 9 ou todas as perguntas: PARABÉNS!! Voce é um Matsura de Plantão!! :)

E aí? Qual foi o seu resultado? Tire uma foto e marque a gente nas redes sociais com a hashtag #MATSURADEPLANTÃO!! Ficamos curiosas!

Faça parte da nossa Família Matsura, INSCREVA-SE:

Thais e Thalita Matsura: www.youtube.com/user/thaismatsurablog
Matsura Vlog: www.youtube.com/user/ThalitaChan
Matsura Games: youtu.be/Ns4iQkfyF9g
Snaps Matsura: www.youtube.com/channel/UC8ys...

Instagram: thaismatsura e thalitamatsura
Snapchat: thaismatsura e Thalita.matsura
Twitter: thais_matsura e Tmatsura
Facebook: www.facebook.com/Thais-e-Thalita-Matsura-220680234659103/?fref=ts

Contato para trabalhos: contato.matsura@gmail.com

FONTE: Afta Serif
Girls Have Many Secrets
IMPRESSÃO: Paym

#Novo Século nas redes sociais

novo século®
www.novoseculo.com.br